Hein Ennak

erzählt

Geschichten und Märchen

Die Handlung und alle handelnden Personen sind frei erfunden. Ähnlichkeiten mit lebenden oder verstorbenen Personen wären zufällig und nicht beabsichtigt. Grafiken und Bilder wurden mithilfe von ChatGPT erstellt.

Konzeption/Koordination: Hein Ennak, Hamburg
Layout und Cover: Hein Ennak, Hamburg

Bibliografische Information der Deutschen Nationalbücherei: Die Deutsche Nationalbücherei verzeichnet diese Publikation in der Deutschen Nationalbibliografie; detaillierte bibliografische Daten sind im Internet über www.dnb.de abrufbar.

Herstellung und Verlag:
BoD – Books on Demand, Norderstedt
ISBN: 978-3-7578-7971-6

Für meine wundervolle Frau, die mit Liebe und Geduld an meiner Seite steht, während ich meine Geschichten zum Leben erwecke.
Ohne dich wäre dieses Buch nicht möglich gewesen.
Danke für deine unendliche Unterstützung und Inspiration. Mit all meiner Liebe.

Hein Ennak

Hamburg, im Dezember 2023

Inhaltsverzeichnis

Die Geschichte, die ich Ihnen erzähle, entfaltete sich an einem Tag, der ganz unscheinbar begann. Es war ein strahlender Morgen im Stadtpark, wo ich bei herrlichem Sonnenschein spazierte. Die Vögel zwitscherten, und die Sonne spiegelte sich im funkelnden Teich. Alles schien friedlich, fast idyllisch, bis plötzlich, ganz unerwartet, dunkle Wolken den Himmel überzogen. Ein starker Wind kam auf, der die Blätter der Bäume zum Rascheln brachte und die Welt um mich herum veränderte. In diesem Moment, als das Wetter seine Launen zeigte, begann eine Geschichte in meinem Kopf Form anzunehmen – eine Erzählung, die ich jetzt mit Ihnen teilen möchte. Aber lesen Sie selbst und tauchen Sie ein in eine Welt, die ebenso unvorhersehbar ist wie ein Sommergewitter.

Launisches Wetter

Die Sonne hatte den ganzen Tag lang so getan, als wäre sie der heißeste Star am Himmel, und die Menschen waren mehr als bereit, einen neuen Star am Horizont zu begrüßen. Aber das Wetter war so

launisch wie ein verwirrter Künstler in einem Far-
benladen, und ich, der windige Spaßvogel, hatte
eine geniale Idee.

Als ich mich über die Stadt legte, konnte ich das
Grummeln des Donners kaum unterdrücken. Die
Wolken sahen aus, als hätten sie ihre eigene Vor-
stellung im Kopf, und ich wollte die Hauptrolle
spielen. Blitz! Donner! Die Bühne war bereit, und
ich betrat sie mit einem schelmischen Grinsen.

Der Regen fiel in Strömen, als hätte jemand den
Wasserhahn des Himmels aufgedreht. Die Leute
rannten umher wie aufgescheuchte Hühner, und
ihre sorgfältig geplanten Picknicks im Park wurden
zu einer improvisierten Wasserschlacht. Regen-
schirme wurden in den windigen Tänzen herumge-
wirbelt, und die Frisuren der Damen wurden zu
kunstvollen Skulpturen aus Haarklammern und
Gel.

Das war jedoch erst der Anfang meines Überra-
schungsspektakels für das geplante Open-Air-Festi-
val. Während die Bands sich mühten, ihre kostba-

ren Instrumente vor den unerbittlichen Regengüssen zu schützen, tobten meine Launen wild und unberechenbar. Die Bühne verwandelte sich in eine glänzende Rutschbahn, auf der die Musiker eine unfreiwillige Wassershow boten. Sie rutschten und schlitterten mit ihren Gitarren und Instrumenten, balancierten am Rand des Ausrutschens, während sie versuchten, ihre Performance fortzusetzen. Es war ein chaotisches Ballett, geprägt von Spontanität und dem Kampf gegen die Elemente, das dem Festival einen unerwartet lebhaften Charakter verlieh.

Die Festivalbesucher, die sich mit Ponchos und Gummistiefeln gewappnet hatten, hatten plötzlich das Gefühl, auf einer wilden Wasserrutsche gelandet zu sein. Die Organisatoren des Festivals sahen ihre sorgfältigen Pläne im wahrsten Sinne des Wortes ins Wasser fallen, und ich konnte mir ein zufriedenes Kichern nicht verkneifen.

Die Menschen schimpften und fluchten über mich, den launischen Spaßvogel, aber tief im Herzen wussten sie, dass ich nur für ein bisschen Aufre-

gung und Lachen gesorgt hatte. Denn wenn das Leben dir Regen bringt, warum nicht einfach tanzen und lachen?

Ich zog weiter, meiner Streiche immer noch nicht müde und ließ die Menschen darüber rätseln, was als Nächstes passieren würde. Denn eines war sicher: An diesen Tag würden sich die Menschen noch lange erinnern, und ich, der launische Spaßvogel, würde in ihren Geschichten und Anekdoten für immer weiterleben. Und wer weiß, vielleicht würde ich eines Tages sogar die Sonne dazu bringen, sich etwas weniger selbstverliebt zu benehmen.

Ich bin ein großer Fan von Märchen und lese sie immer noch mit Begeisterung. Eines der berühmtesten Märchen ist zweifellos Dornröschen, und Disney hat sicherlich zu seiner Popularität beigetragen. Aber existieren heutzutage noch Märchen? Kommen in unserer Zeit noch Geschichten vor, die märchenhaft anmuten? Überzeugen Sie sich selbst: Diese Geschichte scheint direkt aus einem Märchen entsprungen zu sein.

Das Flüstern der Zukunft

Es war einmal in der pulsierenden Metropole Hamburg, die niemals schlief, unter dem ständigen Rauschen des Hafens und dem Glitzern der Häuser. Hier lebte Constance, eine junge Frau mit einem lebendigen Geist und einer Vision für die Zukunft. Als Tochter eines angesehenen Fabrikanten, der für seine bahnbrechenden Technologien und innovativen Fahrzeuge bekannt war, war Constance nicht nur das Herzstück des Familienunternehmens, sondern auch der Stolz ihres Vaters.

Ihr Leben war eine Mischung aus geschäftigen Arbeitstagen und dem Studium an der Universität, einem Ort, der von jungen, ehrgeizigen Köpfen wimmelte. Es war in einem dieser belebten Korridore der Universität, wo sie Peter begegnete, einem charmanten und witzigen Kommilitonen, dessen Leidenschaft für Ingenieurwissenschaften nur von seinem Humor übertroffen wurde.

An einem sonnigen Mittag, während sie in der überfüllten Mensa saßen, diskutierten Constance und Peter über die neuesten Entwicklungen in der Welt der Technologie.

Constance sagte, während sie eine Gabel Spaghetti aufwickelte: „Manchmal wünsche ich mir, ich könnte aus all dem Trubel ausbrechen, die Welt bereisen und sehen, wie Menschen in anderen Kulturen leben."

Peter schaute sie an und grinste, während er in sein Sandwich biss: „Mit einem der schicken Autos deines Vaters? Ich hoffe, du lädst mich als deinen persönlichen Chauffeur ein. Ich akzeptiere Bezahlung in Form von Reisegeschichten und Souvenirs."

Constance lachte, ihr Lachen mischte sich harmonisch mit dem Stimmengewirr der Mensa. Ihre Gespräche waren stets erfüllt von Neugier und einer Prise Spott, eine Freundschaft, die sich schnell vertiefte und von gegenseitigem Respekt und Bewunderung geprägt war.

Nach dem Mittagessen gingen sie gemeinsam zu ihrem Projektraum. In der spärlich beleuchteten Werkstatt der Universität standen Constance und Peter über einen Tisch gebeugt, der mit Skizzen und Bauteilen übersät war. Die Sonne war längst untergegangen, aber in ihren Augen funkelte noch immer der Glanz des Eifers und der Entschlossenheit.

Peter betrachtete eine Skizze und runzelte die Stirn. „Ich bin mir nicht sicher, ob diese Achsenanordnung die beste ist. Was denkst du, Constance?"

Constance beugte sich näher heran, ihre Haarsträhnen fielen über die Zeichnung. „Ich denke, wenn wir die Gewichtsverteilung optimieren, könnten wir mehr Effizienz erzielen." Ihre Finger glitten über das Papier, als sie die Änderungen erläuterte.

Es gab etwas Magisches in der Art, wie sie zusammenarbeiteten – ein stilles Verständnis und eine ergänzende Dynamik, die ihren Ideenaustausch bereicherte. Peter beobachtete sie einen Moment, wie sie konzentriert eine Formel aufschrieb, und lächelte leicht.

„Weißt du", begann er, seine Worte durchbrachen die Stille, „ich hätte nie gedacht, dass ich jemanden finden würde, der genauso von Differentialgetrieben und Solarzellen begeistert ist wie ich."

Constance blickte auf und begegnete seinem Blick. Ein sanftes Lächeln umspielte ihre Lippen. „Ich auch nicht. Es ist, als hätten wir dieselbe Wellenlänge, nicht nur in der Technik, sondern in allem."

In diesem Moment klingelte Peters Handy, ein Alarm für eine Pause. „Zeit für unsere übliche Kaffeepause", sagte er und schaltete den Alarm aus. „Ich lade dich ein. Was möchtest du?"

„Einen Latte Macchiato, bitte. Und etwas Süßes?"

„Kommt sofort, Chefingenieurin", antwortete Peter mit gespieltem Ernst, stand auf und machte sich auf den Weg zur Cafeteria.

Während er weg war, betrachtete Constance ihre Umgebung – die Werkzeuge, die halbfertigen Prototypen, ihre gemeinsamen Notizen an der Pinnwand. Ein Gefühl der Zufriedenheit durchströmte sie. Peter hatte Recht. Es war nicht nur die Leidenschaft für die Technik, die sie verband, sondern auch eine tiefere Harmonie in ihren Persönlichkeiten und Träumen.

Als Peter mit den Getränken und einem Teller voller Gebäck zurückkehrte, setzten sie sich in eine Ecke der Werkstatt. Für einen Moment vergaßen sie die technischen Herausforderungen und sprachen über Alltägliches – Lieblingsfilme, Musik, Pläne für das Wochenende. Es waren diese Momente der Leichtigkeit und des Lachens, die ihre Bindung stärkten und ihnen zeigten, dass sie nicht nur Kollegen, sondern auch gute Freunde waren.

„Weißt du", sagte Constance, während sie einen Schluck ihres Kaffees nahm, „ich habe das Gefühl, dass wir mit diesem Projekt nicht nur etwas Technisches schaffen, sondern auch etwas von uns selbst darin einfließen lassen. Unsere Ideen, unsere Werte."

Peter nickte zustimmend. „Ja, es ist mehr als nur ein Projekt. Es ist ein Teil unserer Geschichte."

Als sie später in die Nacht hinein weiterarbeiteten, umgeben von der Stille der schlafenden Stadt, war es nicht nur die Arbeit, die sie verband, sondern auch das wachsende Gefühl, Teil von etwas Größerem zu sein – einer gemeinsamen Vision und einer tiefen, unerschütterlichen Freundschaft.

Als der Tag sich dem Ende zuneigte, trennten sich ihre Wege, und Constance eilte durch die geschäftigen Straßen der Stadt, um sich auf eine wichtige Präsentation für das Unternehmen ihres Vaters vorzubereiten. Sie war sich der großen Erwartungen bewusst, die auf ihren Schultern lasteten, doch sie fühlte sich bereit, jede Herausforderung anzunehmen. In diesem Moment ahnte sie nicht, dass ihr Leben sich bald auf eine Weise verändern würde, die sie sich nie hätte vorstellen können.

∿∿

Der nächste Morgen begrüßte Constance mit einem klaren Himmel und der geschäftigen Stimmung der Großstadt. Sie war früh aufgestanden, um

die letzten Vorbereitungen für ihre Präsentation zu treffen. Ihre Gedanken waren erfüllt von Diagrammen, Daten und den hohen Erwartungen, die sie erfüllen wollte.

Während sie sich durch die Straßen bewegte, vibrierte ihr Telefon unaufhörlich mit Nachrichten und Erinnerungen. In einer Hand hielt sie ihren Kaffee, in der anderen ihr Handy. Sie war in Eile, fast rennend, ihre Gedanken ganz bei der bevorstehenden Aufgabe.

Plötzlich, in einem Augenblick der Unaufmerksamkeit, veränderte sich alles. Ein Auto, das viel zu schnell fuhr, kam aus dem Nichts, verlor die Kontrolle und erfasste Constance mit voller Wucht. Der Aufprall war heftig, und in einem Moment des absoluten Schocks verstummte die Welt um sie herum.

Als Nächstes erinnerte sich Constance nur an das Flackern der Krankenhauslichter und die besorgten Gesichter, die über sie gebeugt waren. Dann, langsam, sank sie in eine tiefe Dunkelheit, ein Koma, das sie von der Welt abschnitt. Ab dann stand alles still.

17

Die Nachricht von Constances Zustand verbreitete sich schnell. Ihr Vater, zerbrochen von der Tragödie, saß an ihrem Bett, unfähig zu glauben, dass seine lebensfrohe Tochter nun reglos vor ihm lag.

Peter erfuhr von dem Unfall in der Universität. Er ließ alles stehen und liegen und eilte ins Krankenhaus. Als er ihr Krankenzimmer betrat, wurde ihm die Ernsthaftigkeit der Situation bewusst. Constance, die sonst so lebendige und lebenslustige Constance, lag dort still und blass.

In den folgenden Tagen und Wochen wurde Peters Besuch im Krankenhaus zu einer täglichen Routine. Er saß an ihrem Bett, hielt ihre Hand und sprach leise zu ihr, in der Hoffnung, dass sie seine Stimme irgendwie hören konnte.

„Ich habe heute versucht, deine Notizen für die Präsentation zu verstehen. Deine Handschrift ist ein echtes Rätsel. Ich glaube, ich brauche definitiv deine Hilfe, um sie zu entziffern."

Trotz seiner Versuche, die Stimmung zu heben, blieb Constances Zustand unverändert. Peter erzählte ihr von den Vorlesungen, den neuesten Witzen, die er gehört hatte, und den kleinen Alltagsdin-

gen, in der Hoffnung, einen Funken Bewusstsein in ihr zu wecken.

Die Wochen und Monate vergingen, und der Frühling verwandelte sich in einen heißen Sommer und dann in einen kühlen Herbst. Die Welt draußen veränderte sich, doch Constances Zustand blieb gleich. Ihr Vater, von tiefem Kummer ergriffen, versank immer tiefer in Trauer. Er verließ das Haus nicht mehr. Das gesamt Unternehmen fiel in einer Schockstarre. Keine Forschung, keine Produktion, kein Verkauf. Die Mitarbeiter der Firma gingen hin, waren zu ihrer Arbeitszeit anwesend und gingen wieder nach Hause, ohne was zu leisten.

Nur Peter gab nicht auf; er war der Fels in der Brandung, die konstante Präsenz an ihrer Seite, ein stiller Wächter ihrer Träume.

Der Winter legte seinen kalten Mantel über die Stadt, und die ersten Schneeflocken begannen zu fallen. Das Krankenhauszimmer, in dem Constance

lag, war still, bis auf das regelmäßige Piepen der Maschinen und das leise Flüstern von Peter, der unbeirrt an ihrer Seite saß.

Die Tage waren kurz und die Nächte lang, doch Peter verbrachte jede freie Minute bei Constance. Er las ihr aus ihren Lieblingsbüchern vor, erzählte ihr von den neuesten Ereignissen in der Universität und sprach über ihre gemeinsamen Träume und Projekte.

Peter, mittlerweile der einzige regelmäßige Besucher in Constances stiller Welt, lehnte sich mit einem aufgeschlagenen Buch in der Hand an das Krankenbett und begann mit einem Schmunzeln zu sprechen: „Weißt du, Constance, hier steht, dass Sterne manchmal explodieren. Könntest du dir vorstellen, wenn unsere Sonne das machen würde? Wir müssten alle lernen, wie Superhelden zu fliegen – und ich würde definitiv ein Cape tragen!"

Peter bemühte sich, mit seinem gewohnten Humor etwas Leichtigkeit in die bedrückende Atmosphäre des Krankenzimmers zu bringen. Doch im Innersten plagte ihn die bange Sorge, dass er vielleicht nie wieder Constances Lachen hören würde.

An jenem Tag, es war, bevor Peter zu einer not-wendigen Reise ins Ausland aufbrechen musste, nahm er Abschied von Constance. Er neigte sich zu ihr, seine Stimme ein leises Flüstern: „Pass gut auf dich auf, Constance. Es dauert nicht lange, dann bin ich wieder hier. Du fehlst mir bereits."

In einem Moment der Innigkeit, der sich von all ihren vorherigen Begegnungen unterschied, küsste Peter sie zärtlich auf die Stirn. Es war eine Geste der Liebe und tiefen Verbundenheit, die er sich bis-her nie erlaubt hatte.

In diesem Moment geschah das Unglaubliche. Kaum hatte Peter sich abgewandt, als Constances Hand sich leicht bewegte. Es war eine kleine, aber deutliche Bewegung, die Peter sofort bemerkte. Er drehte sich um, seine Augen weit aufgerissen vor Überraschung.

Peter flüsternd: „Constance? Constance, kannst du mich hören?"

Langsam, gleich einer Blüte, die sich dem ersten Licht des Morgens öffnet, schlug Constance ihre Augen auf. Es war, als ob sie sich aus einem lan-gen, dunklen Traum emporhob, ihre Lider hoben sich schwer und zögerlich. In ihren Augen spiegelte

sich eine Mischung aus Verwirrung und Staunen wider, ein klarer Ausdruck des Erwachens aus einer tiefen Abwesenheit. Doch klar und deutlich war, dass sie zurückgekehrt war, wieder unter den Lebenden.

Ihre Stimme kaum mehr als ein Hauch, schwach, aber klar in der Stille des Raumes: „Peter ... ist das wirklich wahr? War alles nur ein Traum?"

Ihre Worte hingen in der Luft, gefüllt mit der Zerbrechlichkeit des Moments und der ungläubigen Erkenntnis ihrer Rückkehr ins Bewusstsein.

Die Ärzte und Schwestern eilten herbei, umgeben von einer Atmosphäre der Freude und des Staunens. Constances Erwachen war ein kleines Wunder, ein Funke Hoffnung in der Dunkelheit.

In den darauffolgenden Tagen begann Constance allmählich, sich zu erholen. Ihre Familie und Freunde, die am Rande der Verzweiflung gestanden hatten, wurden von einem tiefen Gefühl der Dankbarkeit und Erleichterung erfüllt. Ihr Vater, der bis dahin in tiefer Trauer und Sorge verloren war, schöpfte neuen Lebensmut aus ihrer Genesung. Er kehrte mit erneuerter Kraft und Entschlossenheit zu seiner Arbeit zurück, entschlossen, das Unterneh-

men in eine hoffnungsvolle Zukunft zu führen. Die Atmosphäre im Haus und im Unternehmen veränderte sich spürbar – von einer Stimmung der Bedrückung zu einer Atmosphäre voller Zuversicht und Tatendrang.

Peter und Constance verbrachten viele Stunden zusammen, redeten über die verlorene Zeit und machten Pläne für die Zukunft. Ihr Band war durch die Erfahrung nur noch stärker geworden, und die tiefe Verbundenheit, die sie teilten, war unübersehbar.

Das Wunder von Constances Erwachen verbreitete sich wie ein Lauffeuer durch die Stadt und wurde zu einem Symbol der Hoffnung und des Glaubens an die Unmöglichkeiten des Lebens.

∿∿

Mit der Zeit erlangte Constance ihre volle Gesundheit zurück, getragen von der unaufhörlichen Liebe und sorgsamen Unterstützung ihrer Familie und Freunde. Ihr Erwachen aus dem Koma und die darauf folgende Genesung wurden für viele zu einem leuchtenden Beispiel der Hoffnung und der wundersamen Wendungen, die das Leben bereithalten kann.

Constance und Peter, die durch diese Erfahrung noch enger miteinander verbunden waren, fanden in ihrer gemeinsamen Begeisterung für Technologie und Innovation nicht nur ihre berufliche Berufung, sondern auch einen Weg, ihr Leben gemeinsam zu gestalten. In ihrer Zusammenarbeit konzentrierten sie sich auf Projekte, die sowohl die Sicherheit als auch die Nachhaltigkeit betonten, angetrieben von Constances praktischer Erfahrung und Peters innovativem Denken.

Bei einem Projekttreffen brachte Constance eine innovative Idee ein: „Stell dir vor, wir entwickeln ein System, das Fahrzeuge automatisch anhält, um Unfälle zu verhindern. Wie ein unsichtbarer Superheld, der die Stadt rettet."

Peter, mit einem verschmitzten Lächeln: „Ein Superheld, der im Verkehrsdienst arbeitet, hm? Ich denke, wir sollten ihm auch einen coolen Namen geben. Wie wäre es mit ‚*Captain Stop-a-lot*'?"

Constance lachte und nickte. „Genau, Captain Stop-a-lot, Retter der hektischen Straßen!"

Ihr gemeinsamer Humor brachte Leichtigkeit in ihre ernsthafte Arbeit und stärkte ihre Verbindung weiter. Als sie schließlich beschlossen, eine Familie zu gründen, blieb dieser Humor ein fester Bestandteil ihres Lebens.

Constance, während sie im Garten mit ihren Kindern spielte: „Seht mal nach oben, zu den Sternen.

Euer Vater und ich arbeiten an einem Weg, um dorthin zu reisen."

Peter, mit einem Augenzwinkern: „Und wenn wir da sind, benenne ich den ersten Planeten, den wir finden, nach dem besten Pfannkuchen-Rezept – als ewiges Denkmal unserer Sonntagsbrunches."

Ihr Leben war eine wundervolle Mischung aus Liebe, Lachen und unermüdlichem Optimismus. Constance und Peter teilten die Überzeugung, dass in je-

der Herausforderung auch eine Chance steckt, und lebten ihr Leben in diesem Geiste.

Ihre gemeinsame Arbeit führte nicht nur zu beruflichen Erfolgen, sondern ließ auch ihre Liebe zueinander erblühen. Ihre Beziehung war geprägt von gegenseitigem Respekt, gemeinsamen Träumen und jenem unverwechselbaren Humor, der von Anfang an Teil ihrer Verbindung gewesen war.

So lebten Constance und Peter, umgeben von ihrer wachsenden Familie und ihren Freunden, weiterhin in einer Welt, die ständig zwischen Fortschritt und Herausforderung balancierte. Ihre Liebe und ihr gemeinsames Wirken waren ein lebendiges Zeugnis der unerschütterlichen Kraft der Hoffnung, des Mutes und der Liebe. Und wenn sie nicht gestorben sind, dann leben sie noch heute, ein leuchtendes Beispiel dafür, dass selbst in der modernen Welt Märchen wahr werden können.

Heute werde ich Ihnen eine Geschichte von einem besonderen Buch erzählen. Die Story dieses Buches erinnert uns daran, dass zwischen den Seiten aus Papier eine unsichtbare Magie liegt, die unsere Vorstellungskraft entfacht und uns auf unvergessliche Reisen mitnimmt.

Die Magie des Buches verweilt nicht auf den Seiten, sondern in den Herzen derjenigen, die sie gelesen oder erlebt haben. Begleitet mich auf dieser Reise in die Welt des Ungewissen, der Fantasie und der Vergänglichkeit.

Das Buch der ewigen Geschichten

In den dunklen, abgelegenen Winkeln einer alten Bibliothek verharrte ein Buch, das in Vergessenheit geraten war. Verstaubt und allein ruhte es auf einem hölzernen Regal, umgeben von unzähligen anderen Büchern, die mit prachtvollen Einbänden und aufwändigen Titeln um die Aufmerksamkeit der Besucher warben. Doch dieses Buch schien absichtlich

unscheinbar zu sein, als würde es sich in seiner Schlichtheit verbergen wollen.

Niemand hatte das Buch beachtet, niemand hatte seine Seiten geöffnet, niemand hatte sich die Mühe gemacht, seinen Inhalt zu erkunden. Es besaß keinen prunkvollen Einband, der die Blicke auf sich zog, keine glänzenden Lettern, die den Titel enthüllten, und keine kunstvollen Illustrationen, die die Fantasie anregten. Es war ein einfaches Buch mit einem schlichten Einband aus dunkelbraunem Leder, dessen Seiten leer und unbeschrieben waren.

Die Bibliotheksbesucher gingen an diesem Buch vorbei, ohne ihm einen Gedanken zu schenken. Sie zogen die neueren, farbenfroheren Bücher vor, die auf den vorderen Regalen platziert waren. Diejenigen, die die alten Regale durchstöberten, wandten sich den Werken bekannter Autoren zu oder suchten nach speziellen Themen, die ihr Interesse weckten. Das unscheinbare Buch blieb unbeachtet und von der Welt vergessen.

Doch in seiner Bescheidenheit trug das Buch Geheimnisse, die es seit Jahren gehütet hatte. Es barg die Möglichkeit einer Geschichte, die erzählt werden wollte, und der Worte, die darauf warteten, endlich entdeckt zu werden. Und so verharrte das Buch in seiner dunklen Ecke, geduldig und voller Hoffnung, dass irgendwann jemand kommen würde, der bereit war, seine Seiten zu öffnen und die verborgene Magie darin zu enthüllen.

Ein sonniger Tag brach an, als ein Junge namens Tim die alte Bibliothek betrat. Seine neugierigen Augen durchstreiften die vertrauten Regale, auf der Suche nach einem neuen Abenteuer zwischen den Buchdeckeln. Die Bibliothekarin, eine freundliche ältere Dame, lächelte ihm zu, als er vorbeiging. Tim erwiderte das Lächeln und begann seine Erkundungstour.

Während er zwischen den Regalen umherschlenderte, fiel sein Blick auf ein Buch, das anders aussah als die anderen. Es war unscheinbar und schlicht, fast so, als wollte es nicht gefunden werden. Die Abwesenheit eines Titels oder Autorennamens weckte Tims Neugierde. Er zog das Buch vorsichtig aus dem Regal und betrachtete es genau-

er. Es fühlte sich alt und vertraut an, als hätte es viele Geschichten erlebt.

Tim setzte sich in einen gemütlichen Sessel nahe einem Fenster, öffnete das Buch und blätterte durch die leeren Seiten. Verwirrt runzelte er die Stirn und murmelte vor sich hin: „Ein leeres Buch? Was soll das denn sein?" Doch irgendetwas an diesem Buch übte eine seltsame Anziehungskraft auf ihn aus. Er konnte den Blick nicht abwenden und spürte, wie seine Neugier wuchs.

Die Bibliothekarin, die ihn beobachtete, konnte seine Verwunderung erkennen. „Ein besonderes Buch, nicht wahr?", rief sie ihm freundlich zu. Tim schaute zu ihr hinüber und nickte. „Ja, irgendwie ist es anders. Es hat keine Titel oder so." Die Bibliothekarin lächelte und näherte sich ihm. „Manchmal sind es gerade die unscheinbaren Bücher, die die faszinierendsten Geschichten bergen."

Tim war hin- und hergerissen. Sollte er das Buch zurückstellen und nach einem regulären Buch suchen? Oder sollte er seiner Neugierde nachgeben und das mysteriöse Buch mit nach Hause nehmen? Seine Abenteuerlust siegte, und er beschloss, das

Buch auszuleihen. Er bedankte sich bei der Biblio-
thekarin und verließ die Bibliothek mit dem un-
scheinbaren Buch in der Hand.

Zu Hause angekommen, legte Tim das Buch auf
seinen Schreibtisch und starrte es an. Seine Neu-
gierde war geweckt, und er konnte nicht widerste-
hen, es zu öffnen. Er strich über den glatten Ein-
band und schlug das Buch auf. Was er entdeckte,
sollte sein Leben für immer verändern.

∿∿

Tim saß vor seinem Schreibtisch, das unscheinba-
re Buch vor sich ausgebreitet. Er öffnete es mit vor-
sichtigen Händen und starrte auf die leeren Seiten.
Doch zu seiner Verblüffung bemerkte er, dass sich
etwas veränderte. Wo zuvor nur leere Blätter gewe-
sen waren, zeigten sich nun Worte. Geschichten,
Sätze und Abenteuer entfalteten sich vor seinen
Augen.

Seine Augen weiteten sich vor Staunen, als er be-
gann, die Worte zu lesen. Die Sätze erzählten von
fernen Ländern, von mutigen Helden und schreckli-
chen Drachen. Sie beschrieben Abenteuer, die die

Vorstellungskraft übertrafen, und brachten Tim in eine Welt der Fantasie und Magie.

Er konnte nicht aufhören zu lesen. Die Worte fesselten ihn, zogen ihn immer tiefer in die Geschichte hinein. Die Stunden verstrichen, während er sich in den Worten verlor. Tim lachte, fühlte die Spannung der Gefahren und die Wärme der Freundschaften, die in der Geschichte beschrieben wurden.

Der Junge vergaß die Zeit und alles um sich herum. Die reale Welt verschwamm, und er fand sich in einem magischen Reich wieder, Seite für Seite. Er fühlte die Emotionen der Charaktere, als wären es seine eigenen. Die Worte wurden lebendig und formten Bilder in seinem Kopf, die genauso real waren wie alles, was er je erlebt hatte.

Die Sonne ging langsam unter, und die Sterne tauchten am Himmel auf, als Tim die letzte Seite der Geschichte erreichte. Sein Herz pochte vor Aufregung, als er den Abschluss der Erzählung las. Die Worte beschrieben ein finales Abenteuer, einen heldenhaften Sieg und die Rückkehr in die Heimat. Tim spürte, wie sich die Geschichte in ihm festsetzte, und lächelte vor sich hin.

Die Erschöpfung machte sich bemerkbar, und Tim legte das Buch schließlich beiseite. Er lehnte sich in seinem Stuhl zurück und schloss die Augen. Die Magie der Worte umgab ihn immer noch, als er langsam in einen traumlosen Schlaf fiel, die Geschichte in seinem Herzen tragend.

Unbewusst ahnte er noch nicht, dass dieses Buch mehr als nur Worte barg. Es hatte einen Zauber, der über die Seiten hinausreichte. Und während er in seinen Träumen ruhte, wartete das Buch darauf, dass er erneut seine Seiten öffnete und sich erneut in die Welt der Geschichten begab.

∿

Die Tage vergingen, und Tim konnte nicht genug von dem Buch bekommen. Immer wenn er Zeit fand, setzte er sich an seinen Schreibtisch, öffnete das Buch und tauchte erneut in die magischen Geschichten ein. Die Worte fesselten ihn weiterhin, und er fühlte sich, als ob er selbst ein Teil der Abenteuer war.

Die Geschichte, die er las, erzählte von einem jungen Helden namens Aric. Einem Jungen, der sich mutig aufmachte, ein magisches Reich vor

einem finsteren Zauberer zu retten. Aric war genau wie Tim – neugierig, mutig und abenteuerlustig. Tim fand eine Verbindung zu ihm, als ob er einen Freund in den Seiten des Buches gefunden hätte.

Aric erlebte unzählige Abenteuer auf seiner Reise. Er durchquerte dunkle Wälder, stieg steile Berge hinauf und begegnete mystischen Kreaturen. Tim konnte den Herzschlag Arics spüren, als er in gefährlichen Situationen um sein Leben kämpfte. Er fühlte die Wärme der Freundschaft, wenn Aric Verbündete fand, die ihm halfen.

Aber es waren nicht nur die aufregenden Momente, die Tim in den Bann zogen. Es waren die leisen Augenblicke der Selbstfindung, die inneren Konflikte von Aric, die Tim tief berührten. Er konnte die Entwicklung des Helden spüren, wie er im Laufe der Geschichte an Stärke und Weisheit gewann.

Doch das Schönste von allem war die Begegnung Arics mit einer Prinzessin. Eine wunderschöne und kluge Prinzessin, die Arics Herz im Sturm eroberte. Tim konnte die zarten Gefühle zwischen den beiden spüren, ihre Gespräche, ihre Blicke. Es war, als ob er selbst die Schmetterlinge im Bauch fühlte.

Die Nächte vergingen, während Tim in das Buch vertieft war. Er vergaß die Welt um sich herum, lebte und atmete mit Aric mit. Und als er schließlich die letzten Seiten erreichte, fühlte er eine Mischung aus Zufriedenheit und Trauer. Die Geschichte war zu Ende, aber die Erinnerungen und Emotionen würden in ihm bleiben.

Tim schloss das Buch und lehnte sich zurück. Sein Herz schlug schnell, als ob er selbst die Abenteuer durchlebt hatte. Er konnte es kaum erwarten, mehr zu erfahren, und fragte sich, welche Geschichte das Buch als Nächstes für ihn bereithielt.

∿

Die Nacht war hereingebrochen, als Tim erneut das Buch öffnete. Die Worte auf den Seiten waren wie ein verlockendes Versprechen, und er konnte einfach nicht widerstehen. Die Geschichte, die er diesmal las, zog ihn noch tiefer in ihre Welt hinein.

Tim fand sich wieder in einem fernen Land, Seite an Seite mit den Charakteren. Er lachte mit ihnen über ihre Abenteuer, fühlte die Spannung, wenn Gefahren lauerten, und seine Augen füllten sich mit Tränen, wenn die Charaktere Kummer erlebten.

Die Zeilen waren nicht mehr nur Worte; sie waren Emotionen, sie waren Leben.

Stunden vergingen wie Minuten, während Tim die Geschichte verschlang. Er merkte kaum, wie die Sterne am Himmel wanderten, wie die Dunkelheit der Nacht wich und die ersten Anzeichen des Morgens auftauchten. Er war gefangen in der Fantasie, verloren in der Welt des Buches.

Er spürte die Bindung zu den Charakteren intensiver denn je. Als Aric in die tiefsten Tiefen einer Höhle hinabstieg, spürte Tim den Kälteeinbruch. Als die Prinzessin Abschied von Aric nahm, fühlte er den Schmerz in seinem eigenen Herzen. Die Grenze zwischen Realität und Fiktion verschwamm, und Tim war nicht länger nur ein Leser – er war ein Teil der Geschichte.

Die Sonne begann aufzugehen, als Tim die letzten Seiten erreichte. Seine Augen waren müde, aber sein Herz war erfüllt. Er hatte mit den Charakteren gelacht, gelitten und geliebt. Die Magie des Buches hatte ihn in ihren Bann gezogen, und er hatte sich willig von ihr mitreißen lassen.

Als Tim das Buch schließlich schloss, war er von einem Gefühl der Ehrfurcht erfüllt. Er hatte eine Welt erlebt, die außerhalb der realen Welt lag, und er hatte erkannt, wie mächtig Worte sein konnten. Er wusste, dass er diese Erfahrung niemals vergessen würde, selbst wenn die Seiten des Buches wieder leer sein würden.

Vor einigen Tagen entschloss ich mich dazu, meinen Schreibtisch aufzuräumen. Nachdem ich die oberste Schicht an Unordnung beseitigt hatte, stolperte ich über das Buch „Joachim Ringelnatz - Schöne Gedichte". Ein breites Grinsen breitete sich auf meinem Gesicht aus, als ich es in die Hand nahm und mich in meinen gemütlichen Schreibtischsessel sinken ließ. Ein vergessenes Lesezeichen im Buch zeigte mir, an welcher Stelle ich innehalten sollte, und ich begann, laut vorzulesen:

*„In Hamburg lebten zwei Ameisen,
Die wollten nach Australien reisen.
Bei Altona auf der Chaussee
Da taten ihnen die Beine weh,
und da verzichteten sie weise
Denn auf den letzten Teil der Reise."*

Mit einem tiefen Seufzer stand ich auf, legte das Buch beiseite und blickte aus dem Fenster. Draußen erstreckte sich die Welt, groß und unerforscht, und doch so oft eingeschränkt durch die ‚schmerzenden Beine' unserer Realität. Inspiriert

von Ringelnatz' humorvollem, aber tiefgründigem Blick auf das Leben, griff ich zu meinem Stift. Es war Zeit, eine Geschichte zu schreiben – eine Geschichte über Umsetzungen von Ideen und Plänen Reisen, über das Erreichen und das Akzeptieren von Grenzen, über das Finden von Abenteuern in den kleinen Dingen und darüber, wie oft die größten Reisen die sind, die wir in unserem eigenen Herzen und Geist unternehmen.

Die Ameisen auf Reisen

Mein Name ist Formicidae, aber du kannst mich Tony nennen. Ich bin eine Ameise, die im Herzen eines Großstadt-Dschungels lebt, einem Ort, der mich zunehmend frustriert. Sehe in mir den Indiana Jones der Insektenwelt, immer auf der Suche nach dem heiligen Gral der Sauberkeit in einer Welt voller Hundekacke und Kaugummi auf dem Bürgersteig, leerer Fast-Food-Verpackungen und Zigarettenstummel.

„Eines muss ich mal loswerden", verkündete ich eines Tages meinen Ameisenkollegen, während wir einen gigantischen Berg aus Pommes-Frites bezwangen. „Warum lassen wir uns von diesem Chaos umgeben? Wir könnten stattdessen …"

„… in einem Park leben!", vervollständigte Fritz, mein bester Freund und ein Meister im Versuch, Gedanken zu lesen – oder zumindest in Gedanken zu stöbern.

„Genau!", rief ich begeistert aus. „Stell dir vor: frische Luft, kein Müll, nur wir und die Natur!"

Eines Tages, während ich auf einem vergessenen Keksbrösel balancierte und darüber nachdachte, kam mir eine verrückte Idee. Ich hatte einen schrägen Plan im Kopf, und ich war fest entschlossen, ihn in die Tat umzusetzen. Wir bauen einen Tunnel!

An einem sonnigen Tag versammelte ich meine Freunde zu einer außerordentlichen Ameisenversammlung auf einem alten Kaugummipapier. Die Stimmung war gespannt, als ich mein Vorhaben präsentierte. Einige Ameisen schauten mich skeptisch an, aber ich ließ mich nicht beirren: „Denkt nur an all die großartigen Dinge, die uns auf der anderen Seite der Straße in diesem paradiesischen

Park erwarten. Saftige Blätter ohne Zigarettenstummel, kristallklare Bäche ohne Plastiktüten und makellose Picknickplätze ohne Kaugummi auf dem Boden."

„Hahaha", kam von unserem Einsatzleiter „Nach dem zwölften Schritt auf der Straße wirst du flacher sein als das Papier, auf dem du gerade stehst. Zwischen uns und dem Park liegt der meistbefahrene Highway von ganz Hamburg. Null Chance – vergiss es und komm lieber und probiere diese Tomatensoße." Die anderen Ameisen lachten, und dann erst recht, als ich von meinem Maulwurfmasterplan sprach.

„Ein Tunnel ist perfekt, damit kommen wir unterirdisch rüber und das ohne, von gigantischen Schuhen oder Reifen plattgestampft zu werden", fügte Fritz hinzu, was nochmals zu Gelächter führte.

Wir waren von meiner Idee überzeugt. Der Plan war einfach, aber gewagt und mühsam. Fritz besaß eine Karte, auf der saubere Orte markiert waren, basierend auf Gerüchten und Ameisenwissenschaft. Wir würden einen unterirdischen Gang graben, einen langen Tunnel, der uns unter der Straße bis in den Stadtpark hindurchführen sollte.

Am Vorabend unserer großen Flucht feierten wir ausgelassen. Es gab Kuchenkrümel, Tropfen Limonade und wir tanzten bis in die frühen Morgenstunden. „Auf, zu einem neuen Leben!", riefen wir, unsere kleinen Füße schmerzten vom vergnügten Tanzen.

Am nächsten Morgen, mit müden Augen, aber voller Hoffnung, begaben Fritz und ich uns auf den Weg. „Auf ins Abenteuer!", rief ich, während wir unsere Sachen nahmen und losmarschierten.

Von den Ameisen-Scouts hatten wir den ultimativen Insidertipp erhalten: In nur dreißig Metern Entfernung befand sich eine Baustelle. Aber ehrlich gesagt, in Hamburg gibt es vermutlich mehr Baustellen als Ameisen auf einem Zuckerstückchen! Also machten wir uns auf den Weg zu diesem vermeintlichen Eldorado.

Als wir endlich vor Ort ankamen, fanden wir ein Schild mit der Aufschrift „Baustelle" und eine Absperrung, aber keine Bauarbeiter in Sicht. Wir Ameisen rieben uns verwundert die Fühler. „Sind

wir zu früh oder zu spät gekommen?", fragte Fritz mit einem skeptischen Klickern.

Unerschrocken wagten wir uns vor. Doch oh, welch ein Abenteuer erwartete uns. Wir mussten uns vor riesigen Regentropfen in Sicherheit bringen, uns durch ein Wurzellabyrinth kämpfen und sogar eine rasante Rutschpartie auf einem gigantischen Lutscher überstehen. Ich sage euch, selbst die besten Achterbahnen würden vor Neid erblassen!

Nachdem wir uns gestärkt hatten, beschlossen wir, den Tunnel zu graben. Der Boden erwies sich jedoch als hartnäckiger als ein Keks, den man aus der Spalte zweier Gewegplatten nicht herausbekommt. Gegen Abend gaben wir erschöpft auf, und die Enttäuschung hing schwer in der Luft wie der Duft eines vergessenen Bratwurstdöners.

Wir Ameisen sind hartnäckige Kämpfer, darum fiel es uns sehr schwer, den Traum vom Park aufzugeben. Bevor wir den Heimweg antraten, beschlossen wir, noch einmal zur Parkanlage hinüberzuspähen. Wir kletterten auf eine Barke der Baustellenabsper-

rung, und just als wir uns in der Mitte befanden, passierte das Unglaubliche!

Ein riesiger Bauarbeiter packte unsere Barke und stellte sie auf die andere Straßenseite. Wir zitterten am ganzen Panzer und klammerten uns verzweifelt fest. Die Ameisenachterbahn war zurück, und diesmal gab es keinen Ausstieg!

Aber siehe da, wir erreichten tatsächlich unser Ziel. Die Parklandschaft war so atemberaubend schön, dass selbst unsere winzigen Ameisenmundwinkel vor Freude zu grinsen begannen - und das ist bei Ameisen so selten wie ein Schneemann im Sommer! Die Luft roch nach Freiheit und Frühling, als ob ein Parfümflakon von „Ameisenwonne" über uns ausgekippt worden wäre, die Blumen strahlten in den lebhaftesten Farben, als ob sie an einem Neonlichtwettbewerb teilnahmen, und es gab Delikatessen, von denen wir zuvor nur geträumt hatten. Es war, als ob der Ameisenhimmel auf Erden eröffnet hätte!

Wir tanzten vor Freude, und da sah ich neben einer Parkbank einen angebissenen Hamburger liegen. Mein Herz raste vor Aufregung - endlich eine würdige Belohnung für unser großartiges Expedition! Wer hätte gedacht, dass das Abenteuer mit einem „McSchmaus" enden würde?

Wir beschlossen, die Ameisen-VIP-Lounges unter den Blättern aufzuschlagen, und lebten ab diesem Moment in unserem eigenen, winzigen Paradies.

Also, meine lieben Freunde, träumt eure Träume, verwirklicht eure Ideen, lacht ausgiebig und vergesst nie: In jedem von uns steckt ein kleiner Abenteurer! Möge euer Leben genauso aufregend sein wie eine Ameisenreise durch den Großstadtdschungel – voller Mut, Humor und unvergesslicher Erlebnisse.

In der Welt der Märchen und Sagen, an dem Ort, wo das Alltägliche auf das Wunderbare trifft, entfaltet sich die Geschichte von Marie und Karl. Diese beiden Seelen treffen in den ruhigen Straßen von Eidelstedt aufeinander, einem Ort, der die Bühne für ihr ungewöhnliches Abenteuer bildet. „Die Hexe von Eidelstedt" ist mehr als eine Erzählung; es ist eine Reise, die uns in die moderne Welt einer Großstadt führt und gleichzeitig in die zauberhaften Gefilde der Fantasie entführt.

Lassen Sie sich von dieser Geschichte verzaubern, die aufzeigt, wie Liebe und Mut im Gewand des Alltäglichen das Außergewöhnliche entfachen können. Es ist eine Einladung, sich in eine Welt zu begeben, in der die Grenzen zwischen Realität und Magie verschwimmen und in der das Unerwartete nur einen Atemzug entfernt ist.

Die Hexe von Eidelstedt

In einem beschaulichen Vorort von Hamburg genannt Eidelstedt wohnte eine junge Frau namens Marie Himmel. Sie war keine gewöhnliche Frau,

denn sie war eine Kräuterfrau und Heilpraktikerin, die in ihrem alten Resthof lebte und mit Leidenschaft Heilpflanzen und Kräuter züchtete. Ihr Zuhause war ein kleines Paradies der Natur mitten in der Großstadt.

Auf der anderen Seite des Vororts lebte Karl, ein studierter Biologe, der in einem Entwicklungslabor arbeitete. In seiner Freizeit war Karl ein leidenschaftlicher Kung-Fu-Enthusiast und trainierte die Kampfkünste der Shaolin-Mönche. Sein Leben war geprägt von wissenschaftlicher Neugier und körperlicher Fitness.

Diese beiden ungewöhnlichen Hauptpersonen sollten sich eines Tages auf unerwartete Weise begegnen und in ein Abenteuer verwickelt werden, das ihr Leben für immer verändern sollte.

∿∿

Eines Tages, als Karl auf dem Weg nach Hause war, bemerkte er eine aufgeregte Menschenmenge im Elbe-Einkaufszentrum. Neugierig näherte er sich und sah, wie drei kräftige Jugendliche eine Frau bedrängten und ihre Handtasche gewaltsam

entrissen. Die Frau, Marie, die sich tapfer verteidig-
te, schien bereits verletzt zu sein.

Ohne zu zögern, sprang Karl in die Situation.
Sein Kung-Fu-Training hatte ihm nicht nur körper-
liche Stärke verliehen, sondern auch die Fähigkeit,
ruhig zu bleiben. Er sprach die Jugendlichen an und
versuchte, sie zu beruhigen, aber sie wandten sich
wütend gegen ihn. Ein kurzer, intensiver Kampf
entbrannte, bei dem Karl seine Kampffähigkeiten
einsetzte, um die Burschen in die Flucht zu schla-
gen.

Nachdem die Jugendlichen verschwunden waren,
begleitete Karl die verletzte Marie zu einer nahege-
legenen Sitzgruppe. Sie hatte offensichtlich Bauch-
schmerzen, zudem blutete sie am Kopf.

∿∿

Als bei Marie die Kapuze ihres grauen Umhangs
zurückfiel, enthüllte sich vor Karl eine wunder-
schöne junge Frau. Sie hatte rote lange Haare, grü-
ne Augen und rote Lippen, die trotz der Schmerzen
auf ihrem Gesicht ein bezauberndes Lächeln zeigte.
Karl konnte nicht anders, als von ihrer Schönheit
fasziniert zu sein.

Marie war jedoch nicht nur schön, sondern auch verletzt und voller Schmerzen. Tränen liefen über ihre Wangen, und Karl spürte einen starken Drang, ihr zu helfen. Er nahm seinen Finger und wischte sanft die Tränen von ihrem Gesicht.

Marie forderte Karl auf, die Jugendlichen zu verfolgen und unbedingt ihre Handtasche zurückzubringen. Sie schien entschlossen, ihren Besitz wiederzuerlangen. In diesem Moment übergab sie Karl einen seltsamen Stab, der oben eine glasähnliche Kugel hatte. „Der wird dir helfen", sagte sie, bevor sie das Bewusstsein verlor.

Karl reagierte sofort, bat einen Passanten, den Notruf 112 zu wählen, und forderte ärztliche Hilfe sowie die Polizei an. Kurz darauf traf ein Sanitäter ein, um sich um Marie zu kümmern und sie zu untersuchen.

∿∿

Karl setzte sich zielstrebig in Bewegung und folgte den Spuren der drei Jugendlichen, die Marie überfallen hatten. Mit dem seltsamen Stab, den sie ihm gegeben hatte, fühlte er sich auf eine mysteriöse Weise verbunden, als ob er eine Verantwortung

übernommen hätte, die über das Alltägliche hinausging.

Nach einer kurzen Suche im EEZ sah er die drei auf der Rolltreppe auf dem Weg in den ersten Stock. Sie schienen nicht bemerkt zu haben, dass er ihnen gefolgt war, und hatten immer noch Maries Handtasche dabei. In ihrer Gier hatten sie sich in Sicherheit gewogen.

Karl trat entschlossen vor die Jugendlichen und stellte sich ihnen in den Weg. „Gebt die Handtasche sofort zurück!", forderte er sie auf. Die Knaben, die sich zuvor stark gefühlt hatten, blickten nun verängstigt drein und ergriffen die Flucht.

Doch der seltsame Stab, den Marie ihm gegeben hatte, schien ihm magische Kräfte zu verleihen. Mit einer geschickten Bewegung konnte er so einem der Jugendlichen die Handtasche entreißen.

Karl betrachtete verwundert den Stab. Er war skeptisch gegenüber der Existenz von Magie. Er glaubte, dass die Kräfte des Stabes ein psychologischer Effekt oder bloß ein Zufall war.

Karl schaute in die Handtasche und entdeckte darin einen Schlüsselbund mit verschiedenen Schlüsseln, darunter auch einen Autoschlüssel. Daneben

fand er einen Lippenstift, eine Bürste, eine Geld-
börse und erstaunlicherweise elf Goldbarren zu je
einer Unze. Die Goldbarren glänzten im hellen
Licht und warfen glitzernde Reflexionen. Es war
eine beeindruckende Menge Gold, die in dieser un-
scheinbaren Handtasche steckte.

Karl hob einen der Goldbarren vorsichtig hoch
und betrachtete ihn näher. Er war fasziniert von
dem Gewicht und der Wertigkeit des Edelmetalls,
das er in seinen Händen hielt. Es war offensicht-
lich, dass es sich um einen beträchtlichen Wert han-
delte, vielleicht sogar im Bereich von Tausenden
von Euro. Darauf hatten es die drei abgesehen und
darum wurde Marie angegriffen. Es ist zu gefähr-
lich, ihr das Gold wiederzugeben, überlegte Karl
und verstaute das Gold in seine Manteltasche.

Nachdem er die Handtasche wieder geschlossen
hatte, wollte er zurück zu Marie.

Als er zu der Sitzgruppe zurückkehrte, an die er
Marie zurückgelassen hatte, war sie verschwunden.
Lediglich ein Polizist befragte Passanten als Zeu-
gen. Karl näherte sich dem Polizisten und fragte
besorgt: „Wo ist Marie? Ich muss unbedingt die
Frau wiedersehen."

Der Polizist antwortete vorsichtig: „Frau Marie Himmel wurde hier ärztlich versorgt und ins Krankenhaus gebracht. Mehr darf ich Ihnen nicht verraten."

Karl war besorgt und fühlte sich hilflos. Er wollte unbedingt sicherstellen, dass es Marie gutging, und er sehnte sich danach, sie wiederzusehen.

„Sie sind doch der Mann, der die drei Angreifer in die Flucht gejagt hat und der Frau geholfen hat, oder?", fragte der Polizist.

Karl nickte. „Ja, das bin ich. Und hier ist ihre Handtasche."

Der Polizist lächelte und sagte: „Ich brauche noch Ihre Aussage. Sie haben Frau Himmel, der Hexe von Eidelstedt, das Leben gerettet. Die Tasche werde ich sicherstellen und sie Frau Himmel übergeben."

Karl gab eine ausführliche Aussage bei der Polizei ab, bevor er den Heimweg antrat. Seine Gedanken waren jedoch immer bei Marie, der geheimnisvollen Frau, die sein Leben auf so unerwartete Weise verändert hatte.

Die Worte des Polizisten, der Marie als „Die Hexe von Eidelstedt" bezeichnet hatte, ließen Karl nicht mehr los. Er konnte es kaum erwarten, mehr über diese mysteriöse Frau und ihre Kräfte zu erfahren. Also begann er, im Internet nach Informationen zu suchen.

Nach einiger Recherche stieß Karl tatsächlich auf einen Artikel, der von „Die Hexe von Eidelstedt" sprach. Es war eine Kräuterhexe und Heilpraktikerin, die auf einem Resthof in Eidelstedt lebte. Der Artikel beschrieb ihre Fähigkeiten und ihre tiefe Verbundenheit zur Natur. Karl war fasziniert von dem, was er las, und spürte, dass es einen Zusammenhang zwischen der Frau, die er gerettet hatte, und der Hexe von Eidelstedt gab.

Er notierte sich die Adresse des Resthofs und beschloss, Marie einen Besuch abzustatten, sobald sie aus dem Krankenhaus entlassen wurde.

Karl holte das Gold aus seiner Manteltasche und suchte im Internet nach dem Edelmetall. Er musste nicht lange ermitteln und stellte fest, dass das Gold einen Wert von geschätzten 20.000 Euro hatte.

Die Entdeckung versetzte Karl in eine Art Zwiespalt. Einerseits wusste er, dass er das Gold Marie zurückgeben muss, andererseits wusste er auch, dass dieser Schatz Maries Leben in Gefahr bringen könnte.

Es darf nicht in die falschen Hände geraten. Und so beschloss er, das Gold vorerst in dem Tresor seiner Eltern zu verstecken, um Marie zu schützen.

In der darauffolgenden Nacht fand Karl kaum Schlaf. Die Gedanken an die geheimnisvolle Frau, die er gerettet hatte, und die Hexe von Eidelstedt, die er im Internet recherchiert hatte, wirbelten in seinem Kopf herum. Er spürte, dass sein Leben sich in eine unerwartete Richtung bewegte, und er war fest entschlossen, herauszufinden, wie diese beiden Frauen sein Schicksal beeinflussen würden.

∿∿

Am folgenden Tag machte sich Karl auf den Weg zu der Adresse, die er im Internet gefunden hatte. Es handelte sich um einen großen Resthof mitten in Hamburg Eidelstedt, mit einem Hauptgebäude, einem Wohngebäude und einer Scheune, die einst zur Lagerung von Getreide genutzt worden war.

Als Karl sein Fahrrad vor dem Anwesen abstellte, näherte sich ihm eine Frau, die ihm auf den ersten Blick bekannt erschien. Sie hatte dunkelbraune Haare, aber ihr Gesicht und ihre Augen ähnelten denen von Marie.

„Was kann ich für Sie tun? Was wollen Sie hier?", fragte die Frau, die sich als Kira, die Zwillingsschwester von Marie, vorstellte. „Marie ist nicht da, sie liegt im Krankenhaus."

Karl war besorgt und fragte nach dem Gesundheitszustand von Marie. Kira antwortete bedrückt: „Nicht gut, sie hat ihr Baby verloren und ist verletzt."

Karl erkundigte sich, ob er Marie im Krankenhaus besuchen könne, und erhielt die Adresse.

Als er sich umdrehte, um zu gehen, konnte er jedoch nicht anders, als auf die vernachlässigten Pflanzen im Garten des Resthofs zu schauen. Einige von ihnen schienen nahezu vertrocknet zu sein, während andere verwelkten. „Warum gießen Sie die Pflanzen nicht?", fragte Karl verwundert.

Kira zuckte mit den Schultern. „Warum sollte ich? Ich kenne mich nicht damit aus, und außerdem bekomme ich das nicht bezahlt."

Karl war empört über die Gleichgültigkeit, mit der Kira die Pflanzen behandelte. Ohne weiter zu zögern, fand er eine Gießkanne und den Wasseranschluss und begann, die fast verdorrten Gewächse zu bewässern. Es war eine große Vielfalt an Organismen, darunter einige, die er selbst nicht erkennen konnte, obwohl er ein Fachmann für Biologie und Pflanzenkunde war.

Nachdem er die Pflanzen versorgt hatte, verließ Karl den Hof, ohne sich von Kira zu verabschieden. In seinem Inneren wusste er, dass er wiederkommen würde, um nicht nur das Grünzeug zu retten, sondern auch, um mehr über die Geheimnisse des Resthofs und seiner Bewohnerinnen zu erfahren.

∿

Karl fuhr nach Hause und duschte. Anschließend machte er sich auf den Weg zum Krankenhaus, um Marie zu besuchen.

Als er Maries Krankenzimmer betrat, fand er nicht nur sie dort vor, sondern auch Kira, ihre Zwillingsschwester. Kira lächelte Karl freundlich an und schien plötzlich höflicher und zugänglicher zu sein.

Karl überreichte Marie das Mitbringsel, das er für sie besorgt hatte, und sie bedankte sich herzlich. Doch Karl spürte, dass Marie etwas auf dem Herzen hatte, aber sie traute sich nicht, vor ihrer Schwester darüber zu sprechen. Die Anwesenheit von Kira schien sie zu verunsichern.

Schließlich erzählte Marie von dem Vorfall im Einkaufszentrum und dass die Polizei zwar die Jugendlichen gefasst hatte, ihre Handtasche jedoch nicht wiederbeschaffen konnte. Karl bemerkte ein unauffälliges Grinsen auf Kiras Gesicht, als Marie von der vermissten Handtasche sprach.

Nachdem er sich von Marie verabschiedet hatte, verließ Karl das Krankenhausgebäude jedoch nicht gleich. Stattdessen begab er sich zur Kantine, von wo aus er den Eingangsbereich des Krankenhauses im Auge behalten konnte. Es dauerte nicht lange, bis er sah, wie Kira das Gebäude verließ.

Sofort kehrte Karl zurück ins Krankenzimmer zu Marie. Es war an der Zeit, herauszufinden, was es mit Kira und der verschwundenen Handtasche auf sich hatte.

Als Karl ins Krankenzimmer zurückkehrte, bemerkte er, dass der Polizist, den er bereits vom Einkaufszentrum kannte, mit Marie sprach. Der Polizeibeamte schien gerade einige Fragen zu stellen und bat Karl, dazubleiben, während er das Gespräch mit Marie fortsetzte.

Der Polizist übergab Marie ihre Handtasche. Die Marie gierig entgegennahm, sie öffnete und den Inhalt untersuchte. Enttäuscht schloss sie die Tasche.

„Fehlt was?", fragte der Gesetzeshüter.

„Nein, alles da, danke schön", log Marie und Karl konnte es ihr ansehen. Marie erzählte dem Polizisten von den Angreifern und wie sie von Karl gerettet worden war. Der Polizist notierte aufmerksam alles, was sie sagte. Dann wechselte er das Thema und erklärte, dass sie die drei Burschen gefasst und der Staatsanwaltschaft übergeben hatten. Bei der Durchsicht der Videoüberwachungsaufnahmen hatten sie jedoch eine weitere Person bemerkt, die die Angreifer begleitet hatte. Er zeigte Marie und Karl das Foto eines Mannes und fragte, ob sie den Knaben erkennen würden.

Marie zuckte deutlich zusammen und ihre Miene verfinsterte sich, als sie das Bild sah. „Ja, den kenne ich. Das ist mein Ex-Verlobter, Anton Brot," antwortete sie mit einem Hauch von Bitterkeit in der Stimme. Sie erzählte dem Polizisten, dass ihre Beziehung zu Anton zerbrach, und wie er ihre Pflanzenaufzuchtsterrarien zerstört hatte, weil sie ihm kein Geld mehr geben wollte.

Der Polizist notierte sich Maries Informationen und fragte dann nach dem Aufenthaltsort von Anton.

Marie schüttelte den Kopf. „Nein, nachdem er aus meiner Wohnung geworfen wurde, habe ich ihn nicht mehr gesehen. Anton wollte freiwillig nicht gehen, da rief ich die Polizei."

Nachdem der Polizist alle Informationen aufgenommen hatte, bedankte er sich bei Marie und verabschiedete sich. „Ich werde mich wieder melden, sobald es Neuigkeiten gibt. Gute Besserung, Frau Himmel," sagte er höflich und verließ das Zimmer.

Marie seufzte erleichtert auf, als der Polizist gegangen war. Dann wandte sie sich an Karl und fragte: „Hast du das Gold?"

Karl lächelte beruhigend: „Ja, es ist in Sicherheit."

Marie atmete erleichtert aus. „Danke, Karl. Das bedeutet mir sehr viel."

Karl fragte besorgt nach ihrem Befinden. Marie berichtete von ihrem schmerzhaften Verlust und das sie ihr Baby aufgrund des Angriffs verloren hat.

Karl drückte ihre Hand sanft und sprach sein Mitgefühl aus. „Herzliches Beileid, Marie. Das muss furchtbar schwer für dich sein."

Es herrschte eine traurige Stille im Raum, als die beiden über Maries tragischen Verlust nachdachten. Schließlich brach Marie das Schweigen und begann zu erzählen.

„Als ich schwanger wurde, hatte sich Anton verändert," begann Marie leise. „Er war tagelang weg und wenn er da war, wollte er nur Geld. Ich habe ihn schließlich rausgeschmissen, nachdem er mich schlug und in meinem Aufzuchtslabor randaliert hatte. Damals hatte ich meine Schwangerschaft verflucht. Aber als sich der kleine Wurm in meinen Bauch bewegte, habe ich ihn lieben gelernt. Früher hatte Anton auch positive Eigenschaften, er hatte eine tragische Vergangenheit, die seine Ausraster

entschuldigten." Eine Träne rollte über Maries Wangen, und Karl wischte sie sanft weg. Er konnte die Trauer in ihren Augen sehen und fühlte mit ihr.

„Meiner Schwester, nur meiner Schwester habe ich erzählt, dass ich das Gold habe und es jetzt abholen muss," erklärte Marie und senkte den Blick. „Ich meine das Gold, das in meiner Tasche war."

Karl schaute sie fragend an.

Marie seufzte und erzählte weiter: „Es ist kompliziert. Ein Freund, er ist Gletscherforscher in Norwegen, hat mir sein Gold anvertraut. Wir kennen uns aus der Schulzeit, und er hat mir Samen aus dem Gletscherwasser mitgebracht, das aus dem Inneren des Gletschers stammt. Diese Samen waren hunderte Jahren eingefroren. Einige davon haben das überlebt und die erforsche ich. Das Gold gehört ihm, und er braucht es jetzt, um sich eine eigene Existenz hier in Hamburg aufzubauen."

Karl nickte, während er zu verstehen begann.

„Also wusste er auch von dem Gold und davon, dass du es abholen wolltest?"

Marie seufzte erneut und nickte. „Ja, er wusste davon und ja, ich vertraue ihm."

Karl lächelte aufmunternd. „Die Samen, die er dir gegeben hat, hast du sie ausgesät und aufgezogen?"

Marie nickte mit leuchtenden Augen. „Ja, ich habe sie in den Terrarien in meinem kleinen Labor unter den erforderlichen klimatischen Bedingungen gezogen."

Karl vernutete jetzt, dass die Pflanzen in Maries Garten, die er nicht kannte, wahrscheinlich aus diesen Samen gewachsen waren. „Das sind die Pflanzen in deinem Garten, die ich nicht kenne."

Marie war überrascht. „Du warst in meinem Garten?"

Karl nickte. „Ja, ich war bei dir zu Hause, weil ich wissen wollte, in welchem Krankenhaus du liegst. Und dann habe ich die Pflanzen versorgt."

Marie lächelte dankbar. „Danke, Karl. Das bedeutet mir viel. Du hast mir eine große Sorge abgenommen."

Marie zögerte einen Moment und fragte dann: „Hast du auch die Pflanzen in den Terrarien versorgt?"

Karl schüttelte den Kopf. „Nein, ich habe keine Terrarien gesehen."

Karl war verwirrt: „Aber du hast gerade von ihnen gesprochen."

Marie lächelte schelmisch. „Logisch, ich habe die Türen verschlossen gehalten."

Karl lächelte zurück. „Würdest du mir die Schlüssel geben?"

Marie nickte und reichte Karl ein Schlüsselbund aus ihrer Handtasche. Als er sich von ihr verabschiedete, zog sie ihn plötzlich zu sich und küsste ihn. Karl erwiderte den Kuss, und für einen Moment vergaßen sie die Welt um sich herum.

∿

Karl verließ das Krankenhaus mit einem Gefühl der Sehnsucht nach Marie. Er konnte nicht leugnen, dass er sich in sie verliebt hatte. Ihre Stärke, ihre Freundlichkeit und ihre außergewöhnliche Geschichte hatten ihn tief beeindruckt. Während er zum Resthof fuhr, dachte er darüber nach, wie er Marie näherkommen könnte.

Angekommen auf dem großen Resthof in Hamburg-Eidelstedt, betrat Karl Maries Labor, in dem sich die Terrarien befanden. Es war ein beeindruckender Anblick. Die Terrarien waren in verschiedenen Größen und Formen angeordnet und beherbergten eine erstaunliche Vielfalt von Pflanzen. Karl konnte nicht anders, als von ihrer Schönheit fasziniert zu sein.

Karl begann damit, die Gewächse in den Terrarien zu überprüfen, und er konnte sofort sehen, dass einige von ihnen in einem desolaten Zustand waren. Die Terrarien selbst waren von Anton in einem Wutanfall beschädigt worden. Marie hatte sie notdürftig repariert, aber die Spuren des Vandalismus waren immer noch sichtbar. Einige der Glaswände waren mit Frischhaltefolie provisorisch zusammengehalten.

Karl fühlte Wut in sich aufsteigen, als er sah, was Anton angerichtet hatte. Es war offensichtlich, dass er nicht nur Maries Leben, sondern auch ihre Arbeit zerstören wollte. Er konnte nur erahnen, wie viel Zeit und Mühe Marie darauf verwendet hatte, diese Pflanzen aufzuziehen und zu pflegen.

Entschlossen, etwas Gutes zu tun und Marie weiterhin zu unterstützen, begann Karl damit, die beschädigten Terrarien sorgfältig zu reparieren. Er fuhr zum Glaser, um Scheiben zu kaufen und ins

Bauhaus um die Lampen und Heizungen reparieren zu können. Karl nahm sich Zeit, um die zerbrochenen Glasstücke zu ersetzen und die Frischhaltefolie durch stabilere Reparaturmaterialien zu ersetzen. Es war harte Arbeit, aber es war ein Weg für ihn, seine Wertschätzung und Unterstützung für Marie auszudrücken.

Während er die Terrarien reparierte, dachte Karl darüber nach, wie wichtig diese Pflanzen für Marie waren. Sie hatte ihm erzählt, dass einige der Pflanzen aus Samen stammten, die sie von einem Freund erhalten hatte, der Gletscherforscher in Norwegen war. Die Pflanzen hatten eine besondere Bedeutung für sie, und Karl wollte sicherstellen, dass sie gut versorgt waren.

Schließlich, nach stundenlanger Arbeit, waren die Terrarien wieder in einem akzeptablen Zustand. Karl hoffte, dass Marie, wenn sie zurückkehrte, zufrieden mit seiner Arbeit sein würde.

Nachdem er die Reparaturarbeiten abgeschlossen hatte, schaute er sich im Labor weiter um und stieß auf einen Aktenordner. Karl war fasziniert von den Pflanzen, die er im Laborordner gefunden hatte. Die meisten von ihnen waren ihm völlig unbekannt, und Marie hatte sie lediglich durchnummeriert, ohne ihnen Namen zuzuordnen. Die Fotos zeigten exotische und eigenartige Pflanzen, die Karl noch nie zuvor gesehen hatte. Es war offensichtlich, dass Maries Arbeit weit über das hinausging, was er sich vorgestellt hatte.

Als er weiter durch den Ordner blätterte, entdeckte Karl auch einige von Marie gemalte Pflanzen. Diese Gemälde waren genauso beeindruckend wie die Fotos, auch hier fehlten die Namen. Stattdessen standen lediglich Vornamen von Menschen in Bleistift daneben geschrieben. Karl konnte nicht sicher sagen, was diese Namen bedeuteten, aber es war offensichtlich, dass es eine Verbindung zwischen den Personen und den Pflanzen gab.

Karl beschloss, den Ordner mit nach Hause zu nehmen, um sich die Bilder und Notizen in Ruhe anzuschauen. Vielleicht konnte er mehr über Maries Arbeit und Begeisterung für diese Pflanzen herausfinden. Er hatte das Gefühl, dass es noch viele Geheimnisse gab, die es zu entdecken galt, und er war fest entschlossen, Marie in ihrer Leidenschaft zu unterstützen und mehr darüber zu erfahren. Mit diesen Gedanken verließ Karl das Labor, schloss al-

les sorgfältig ab und machte sich auf den Weg nach Hause. Doch die Gefühle zu Marie und die Ereignisse der letzten Tage ließen ihn nicht los. Er wusste, dass er in ein kompliziertes Gefühlschaos geraten war.

Karl studierte zu Hause die Pflanzenabbildungen aus dem mitgenommenen Ordner. Einige Pflanzen, die Marie gezeichnet hatte, konnte er zuordnen. Er hatte sie beruflich gesehen und untersucht. Mit seinem Wissen konnte er die Gewächse bestimmen und schrieb die Namen auf einen Zettel, den er zu den Zeichnungen heftete. Es war faszinierend zu sehen, wie akribisch Marie diese Pflanzen dargestellt hatte.

Während er die Abbildungen betrachtete, dachte Karl über Marie nach. Ihre Leidenschaft für Pflanzen und ihre Hingabe zu ihrer Arbeit beeindruckten ihn immer mehr.

Karl beschloss, mehr über ihre Pflanzen zu lernen, die er nicht identifizieren konnte. Er begann, in seinen Unterlagen und eigenen Untersuchungen nach Informationen zu suchen, und stieß auf einige interessante Entdeckungen. Er machte sich Notizen und kam zu einem klaren Fazit: Bei den von Marie

gemalten Pflanzen konnte er etliche Zuordnungen zu bekannten Arten machen. Die fotografischen Abbildungen hingegen stellten eine größere Herausforderung dar, da er nur bei drei Pflanzen sicher identifizieren konnte, um welche Arten es sich handelte.

Diese drei Arten waren zudem äußerst kostbar und seltsam in ihrer Erscheinung. Er stellte fest, dass Marie einige seltene und einzigartige Pflanzen in ihren Terrarien aufzog. Die Vielfalt und Schönheit dieser Gewächse faszinierten ihn, und er konnte verstehen, warum sie für Marie so wertvoll waren.

∿

Am Folgetag machte Karl einen Abstecher zum Resthof, um nach den Pflanzen zu sehen. Die Terrarien waren in einem akzeptablen Zustand, und Karl war zufrieden, dass er Marie bei ihrer Leidenschaft unterstützen konnte.

Als Karl dann das Krankenhaus erreichte, konnte er nicht umhin, Kira auf dem Parkplatz zu begegnen. Ihre provokative Geste, als sie schnell den

Blick abwandte, ließ Karl stutzen. Offensichtlich gab es gerade Streit zwischen Marie und ihr.

Im Krankenzimmer begrüßte Karl Marie mit einem Lächeln und einer herzlichen Umarmung. Marie konnte nicht verbergen, dass sie etwas beschäftigte. Karl bemerkte ihre veränderte Stimmung sofort.

„Marie ist etwas passiert?", fragte Karl besorgt. „Hat es mit Kira zu tun, die mir eben auf dem Parkplatz begegnete?"

Marie seufzte und setzte sich auf ihr Krankenbett. „Ja, es hat mit Kira zu tun. Wir hatten eben einen Streit."

Karl nickte verständnisvoll. „Du musst auf deine Gesundheit achten, Marie."

Marie lächelte dankbar. „Danke, Karl. Es bedeutet mir viel, dass du für mich da bist."

Karl griff nach Maries Hand und drückte sie sanft. „Wir werden einen Weg finden, Marie. Deine Arbeit ist wichtig, aber auch deine Gesundheit. Du bist nicht alleine, und ich stehe an deiner Seite."

Marie erzählte Karl von ihrer Beziehung zu Anton. „Nachdem ich ihn rausgeschmissen hatte, hat er sich bei Kira eingeschlichen. Jetzt ist Kira

schwanger von Anton, und sie hat ihm auch von dem Gold erzählt. Es tut mir leid, dass du involviert wurdest, Karl."

Karl schüttelte den Kopf. „Das ist nicht deine Schuld, Marie. Wir werden das gemeinsam schaffen und bewältigen."

„Wie geht es dir heute, Marie?"

Marie lächelte schwach. „Besser, danke der Nachfrage. Die Ärzte sagen, dass ich mich erholen werde, aber es wird noch einige Zeit dauern. Morgen darf ich nach Hause."

Karl setzte sich neben Marie und nahm ihre Hand. „Ich bin froh, dass es dir besser geht. Ich war gestern auf dem Resthof und habe nach den Pflanzen gesehen. Die Terrarien sind wieder repariert, und ich hoffe, sie können sich erholen."

Marie lächelte dankbar. „Danke, Karl. Das bedeutet mir viel. Die Pflanzen sind ein wichtiger Teil meines Lebens und meiner Arbeit. Es ist beruhigend zu wissen, dass sie in guten Händen sind."

Die beiden verbrachten den Tag im Krankenhaus und sprachen über ihre Pläne für die Zukunft. Karl wollte Marie unterstützen, ihre Arbeit fortzusetzen,

aber auch sicherstellen, dass sie sich um ihre Gesundheit kümmerte. Sie hatten noch viele Herausforderungen vor sich, aber sie wussten, dass sie gemeinsam alles meistern konnten.

Am Folgetag holte Karl Marie vom Krankenhaus ab und brachte sie zum Resthof. Die Fahrt verlief schweigsam, da beide in Gedanken versunken waren. Karl war froh, dass Marie sich auf dem Weg der Besserung befand, aber er konnte nicht umhin, besorgt zu sein.

Als sie den Resthof erreichten, konnte Karl feststellen, dass Kira ausgezogen war. Der Resthof wirkte ruhiger und friedlicher ohne sie. Marie und Karl betraten das Haus, und Marie eilte sofort zu ihren Pflanzen. Sie schien aufzuleben, als sie ihre grünen Schützlinge sah, die Karl so liebevoll versorgt hatte.

Karl beschloss, noch einige Lebensmittel zu besorgen, um sicherzustellen, dass Marie alles hatte, was sie für ihre Genesung brauchte. Er fuhr in den nächsten Supermarkt und kaufte frische Lebensmit-

tel, Medikamente und alles, was Marie möglicherweise benötigen könnte.

Als er zum Resthof zurückkehrte, half er Marie, die Einkäufe auszuladen und die Vorräte in der Küche zu verstauen. Marie bedankte sich herzlich bei Karl und lächelte. Es war offensichtlich, wie sehr sie seine Unterstützung schätzte.

Die beiden verbrachten den restlichen Tag damit, sich zu unterhalten und um die Pflanzen zu kümmern. Sie genossen die Zeit miteinander auf dem Resthof. Ihre Zusammenarbeit und ihre tiefe Verbundenheit führten dazu, dass sie sich noch näher kamen und ihre Liebe zueinander weiter wuchs.

„Warum nennst Du dich Hexe?", fragte Karl. Marie lächelte bei Karls Frage und begann, ihre Gedanken zu teilen. „Ich bezeichne mich als Hexe, weil es für mich eine Verbindung zu meinen Vorfahren und unseren alten Traditionen symbolisiert. Meine Oma und Urgroßmutter waren Frauen, die ein tiefes Wissen über Kräuterheilkunde und natürliche Heilmethoden hatten. Sie lebten in Einklang mit der Natur und halfen den Menschen in unserer Gemeinschaft mit ihrem Wissen."

Karl hörte aufmerksam zu, während Marie sprach. „Für mich bedeutet Hexe zu sein, die Verantwortung, das Erbe meiner Vorfahren fortzuführen und das Wissen über Pflanzen und Heilung zu bewahren. Ich habe gelernt, wie man Kräuter anbaut, wie man aus ihnen Medizin herstellt und wie man sie verwendet, um Menschen zu heilen."

Marie machte eine kurze Pause, bevor sie fortfuhr. „Es geht auch darum, im Einklang mit der Natur zu leben und die Kräfte der Erde zu ehren. Ich praktiziere Rituale und Meditationen, die mir helfen, diese Verbindung aufrechtzuerhalten. Für mich ist Hexerei eine spirituelle Reise und eine Lebensweise."

Karl war beeindruckt von Maries Hingabe und ihrem tiefen Wissen. „Das klingt faszinierend, Marie. Ich wusste nicht, dass Hexerei so vielfältig sein kann. Ich finde es bewundernswert, wie du deine Traditionen bewahrst und gleichzeitig so modern und weltoffen bist."

Marie lächelte wieder und drückte zärtlich Karls Hand. „Danke, Karl. Es bedeutet mir viel, dass du das verstehst und akzeptierst. Ich habe immer versucht, meine Leidenschaft für die Natur und die

Heilkunst mit modernem Wissen zu verbinden. Und jetzt, da du in meinem Leben bist, fühle ich mich noch mehr darin bestärkt, meinen Weg weiterzugehen."

Karl lächelte zurück und zog Marie sanft in seine Arme. „Ich werde dich immer unterstützen, Marie, in allem, was du tust. Deine Hexerei macht dich noch faszinierender für mich. Ich liebe dich!"

Marie sah in Karls Augen die Neugier und das Interesse. Sie beschloss, ihm noch mehr von ihrer einzigartigen Gabe zu erzählen. „Es gibt etwas, das ich dir bisher noch nicht erzählt habe, Karl. Neben meiner Liebe zur Natur und der Kräuterheilkunde habe ich eine besondere Gabe. Ich kann bei Lebewesen Beschwerden und Krankheiten erkennen und intuitiv wissen, welche Kräuter oder Heilmethoden helfen können."

Karl war verblüfft. „Das klingt unglaublich, Marie. Wie funktioniert das?"

Marie lächelte und erklärte weiter. „Wenn ich jemanden anschaue, sei es ein Mensch oder ein Tier, sehe ich eine Art schwebende Pflanze über seinem Kopf. Dieses Gewächs trägt Informationen über den Zustand der Person. Anhand dieser Pflanze

kann ich intuitiv wissen, welche Krankheit oder Beschwerde vorliegt und ob ich sie überhaupt heilen kann und welches Kraut am besten helfen wird."

Karl konnte sein Erstaunen kaum verbergen. „Das ist wirklich erstaunlich, Marie. Du hast eine ganz besondere Gabe. Hast du diese Fähigkeit von deiner Oma und Urgroßmutter geerbt?"

Marie nickte. „Ja, sie hatten ähnliche Fähigkeiten, und sie haben mich darin ausgebildet. Es ist eine Verantwortung, die ich ernst nehme, denn ich kann Menschen und Tieren damit wirklich helfen."

„Darum auch die gezeichneten Bilder von Pflanzen im Laborordner, die ich gesehen habe und die du nicht kennst?", frage Karl.

„Ja, wenn ich sie kenne, mache ich Fotos und klebe sie in den Ordner. Ich habe so schon vielen Personen geholfen, ihre Gesundheit wiederzuerlangen, und das ist etwas, was mich erfüllt."

„Ich habe deinen Ordner durchgeschaut und bei einigen Pflanzen ihren Namen und Herkunft dazu geschrieben. Damit kann ich dir vielleicht helfen. Für mich sind die Gewächse auf den Fotos interes-

sant, die keinen Namen haben und die ich nicht kenne."

„Das ist klasse Karl, dann können wir zusammenarbeiten und uns gegenseitig ergänzen."

„Das ist wirklich bewundernswert, Marie. Du bist nicht nur eine talentierte Kräuterhexe, sondern auch eine Heilerin. Ich bin beeindruckt von deinem Wissen und deiner Fähigkeit, anderen zu helfen."

Marie lächelte und drückte Karl sanft. „Danke, Karl. Wenn du die Pflanzen untersuchst und ihre Wirkung als Medizin erforscht, machst du was ähnliches wie ich."

Karl spürte eine tiefe Bewunderung für Marie und ihre Gabe. „Es bedeutet mir viel, dass du das verstehst und akzeptierst. Unsere Beziehung bedeutet mir sehr viel, und ich hoffe, dass wir gemeinsam noch viel Gutes tun können", kam von Marie und sie bekam einen Kuss von Karl.

Die beiden setzten ihr Gespräch fort und teilten ihre Gedanken und Träume für die Zukunft. Karl war immer mehr fasziniert von der Vielfalt und Tiefe von Maries Welt, und er war entschlossen, an ihrer Seite zu sein, während sie gemeinsam neue Abenteuer und Herausforderungen meisterten.

Die beiden verbrachten den Rest des Tages damit, sich über ihre Lebenswege auszutauschen und noch näher zueinanderzufinden. Karl hatte das Gefühl, dass er nicht nur Maries Herz erobert hatte, sondern auch ihre Welt. Er war entschlossen, sie in jedem Schritt ihres Weges zu begleiten.

∿

Karl saß in seiner Wohnung am Schreibtisch und vertiefte sich in das Schreiben eines Artikels über die Heilwirkung bestimmter Pflanzen. Die Sonne schien durch das Fenster, und er fühlte sich entspannt und konzentriert. Plötzlich wurde seine Ruhe durch ein Summen oder vielmehr ein leises Vibrieren gestört, ähnlich dem Klang eines Handys im Vibrationsmodus.

Erschrocken drehte Karl sich um und blickte auf den Wohnzimmertisch. Dort lag der Stab, den Marie ihm im Einkaufszentrum gegeben hatte. Er war wie von Zauberhand zum Leben erweckt worden. Die durchsichtige Kugel am Ende des Stabes blinkte in regelmäßigen Abständen. Karl konnte seine Neugier kaum bändigen und stand auf, um näher heranzukommen.

Der Stab vibrierte nicht mehr, als Karl ihn berührte, aber die blinkende Kugel zog seine Aufmerksamkeit auf sich. Er schaute hinein und erkannte sofort, dass etwas nicht stimmte. Ein Gefühl der Besorgnis überkam ihn, und er wusste instinktiv, dass Marie in Gefahr war.

Ohne zu zögern, griff Karl nach dem Stab und verließ seine Wohnung. Sein Fahrrad stand bereit, und er fuhr so schnell wie möglich zum Resthof von Marie. Den Stab hielt er fest in seiner rechten Hand und versteckte sein Fahrrad in der Hecke am Eingang des Resthofs. Es war keine Zeit zu verlieren, und Karl war entschlossen, Marie zu finden und sie vor der drohenden Gefahr zu schützen.

∿

Karl erkannte einen der Jugendlichen, der Marie im Einkaufszentrum angegriffen hatte. Sein Herz pochte heftig, als er sich in Deckung hinter der Hecke des Resthofs begab. Er wusste, dass die anderen beiden Jugendlichen wahrscheinlich ebenfalls in der Nähe waren.

„Marie, pass auf dich auf", flüsterte er leise, während er seinen Blick auf den Eingang der Scheune richtete. Die Erinnerungen an den Kampf im Einkaufszentrum kamen zurück, und Karl wusste, dass er erneut handeln musste, um Marie zu schützen.

Plötzlich hörte er ein Geräusch und erkannte den Jugendlichen, den er bereits im Einkaufszentrum bekämpft hatte. Er schlich sich näher an ihn heran und nutzte die Deckung der Hecke. Mit einem gezielten Kung-Fu-Schlag konnte er den Jugendlichen außer Gefecht setzen, bevor dieser einen Schrei ausstoßen konnte.

Karl war sich sicher, dass die anderen beiden Jugendlichen ebenfalls in der Nähe sein mussten. Er hielt Wache und war bereit, sich zu verteidigen, falls sie auftauchten.

Tatsächlich kamen zwei weitere Jugendliche aus der Haustür gerannt und stürmten auf Karl zu. Diesmal zeigte er auf den führenden Jugendlichen mit dem Stab, den er noch in der Hand hielt. Mit einem gezielten Einsatz des Stabs wurde der Jugendliche fünfzehn Meter zurückgeschleudert, bis er vor dem Scheunentor zum Liegen kam.

Der zweite Jugendliche griff Karl an, doch er hatte keine Chance gegen seine überlegenen Kampffähigkeiten. Karl schlug ihn nieder und setzte sich wieder in Position, um Marie zu schützen.

Plötzlich wurde Marie auf den Hof geführt, und Anton, ihr Ex, hielt ein Messer an ihrer Kehle. Karl konnte seinen Ärger und seine Wut kaum unterdrücken, als er Anton sah.

„Stehenbleiben dort hinten und gib das Gold heraus, dann lasse ich Marie frei", schrie Anton Karl entgegen und bewegte das Messer gefährlich nahe an Maries Kehle.

Kira tauchte neben Anton auf und lachte höhnisch. „Ich würde das tun, was Anton sagt, sonst hältst du deine Marie nur noch tot in deinem Arm."

Karl wusste, dass er in einer gefährlichen Situation befand. Er versuchte, sich zu entspannen, und täuschte vor, auf Antons Forderung einzugehen. „Okay, ich habe das Gold, aber nicht bei mir. Ich muss es aus dem Schließfach holen", log er.

Langsam drehte er sich um, hob die Arme und zeigte beiläufig mit der Kugel vom Stab in Richtung Anton. In dem Moment löste sich ein heller Lichtstrahl aus der Kugel am Stab und traf Antons

Gesicht. Der Schmerzensschrei des Angreifers war ohrenbetäubend, und er ließ das Messer fallen.

Karl handelte instinktiv und griff blitzschnell nach Anton. Mit einem gezielten Schlag schaltete er ihn aus, und Anton fiel zu Boden. In der Zwischenzeit hatte Kira sich nach dem Messer gebückt.

Kira könnte in einem inneren Konflikt stehen, zerrissen zwischen ihrer Loyalität zu Marie und ihrer Liebe zu Anton, überlegte Karl und wandte den berüchtigten Vulkanier-Griff an, indem er drei Finger an Kiras Nacken ansetzte. Die Wirkung war sofort spürbar, und Kira wurde bewusstlos. Sie sackte zusammen, ohne jedoch irgendwelche Folgeschäden davon zu tragen.

Die Gefahr schien vorerst gebannt zu sein, und Karl konnte durchatmen. Doch er wusste, dass sie noch nicht am Ende ihrer Herausforderungen angelangt waren.

Karl nahm Marie in den Arm, die am ganzen Körper zitterte. Die Sirenen der herannahenden Polizeifahrzeuge waren zu hören. Eine aufmerksame Nachbarin hatte die ungewöhnlichen Vorgänge auf dem Hof bemerkt und sofort die Polizei verständigt.

Schnell trafen die Polizeibeamten ein und nahmen die vier Burschen und Kira, die inzwischen wieder bei Bewusstsein war, in Gewahrsam. Die Situation schien unter Kontrolle zu sein.

Karl führte Marie ins Haus, wo sie sich sicherer fühlte. Er hielt sie fest in seinen Armen und versuchte, sie zu beruhigen. Marie klammerte sich an ihn, und ihre Angst ließ allmählich nach.

„Erzähl mir etwas über den Stab", bat Karl Marie. „Woher hat er seine Kraft, und warum weiß ich instinktiv, was ich tun muss, wenn ich ihn in der Hand halte?"

Marie seufzte, bevor sie begann, die Geschichte des Stabes zu erzählen. „Der Stab, den du von mir erhalten hast, ist kein gewöhnlicher Gegenstand. Er hat eine lange Geschichte und ist ein Familienerbstück von meinen Vorfahren. In unserer Familie gab es eine einzigartige Fähigkeit, die von Generation zu Generation weitergegeben wurde. Diese Fähigkeit bestand darin, die Energie und die Kraft von Pflanzen zu kanalisieren und sie in Form von Macht zu nutzen."

Karl lauschte gespannt, während Marie fortfuhr. „Der Stab wurde über die Jahre hinweg mit der Essenz vieler Pflanzen aufgeladen, die in unserer Familie eine besondere Bedeutung hatten. Jeder meiner Vorfahren trug dazu bei, die Kraft dieses Stabes zu verstärken. Und als er in deine Hände gelangte, erkannte er die Verbundenheit, die du zu den Pflanzen empfindest, und aktivierte sich von selbst, um dir zu helfen."

Karl war fasziniert von dieser Enthüllung. „Aber warum habe ich das Gefühl, dass ich weiß, wie ich ihn verwenden soll? Ich habe keine Ahnung von Magie oder so etwas."

Marie lächelte sanft. „Die Verbindung zwischen dir und dem Stab beruht auf deiner eigenen Liebe und Leidenschaft für die Pflanzen. Du bist ein Naturfreund, und das hat der Stab erkannt. Er wird dir helfen, die Fähigkeiten zu entwickeln, die in deinem Inneren schlummern, um die Pflanzen und die Natur zu schützen."

Karl fühlte sich geehrt und gleichzeitig überwältigt von dieser Verantwortung. „Aber was sollen wir jetzt mit diesem Stab machen? Und wie sollen wir mit den Kräften umgehen, die er enthält?"

Marie nahm Karls Hand und lächelte liebevoll. „Gemeinsam werden wir lernen, die Kraft des Stabes zu nutzen, um Gutes zu bewirken. Wir werden die Pflanzen heilen, die Natur schützen und anderen Menschen in Not helfen. Dieser Stab wird uns dabei helfen, unsere Mission zu erfüllen und die Welt zu einem besseren Ort zu machen."

Karl fühlte sich bereit für die Aufgabe, die vor ihm lag, und wusste, dass er und Marie gemeinsam die Magie der Pflanzen und die Kraft der Liebe nutze.

In der entscheidenden Situation auf dem Resthof, als Marie in Gefahr war, setzte Karl den Stab ein, um seine Geliebte zu verteidigen. Die Lichtstrahlen des Stabs waren so intensiv und überraschend, dass sie die Angreifer überwältigten.

Dieser Stab war nicht nur ein Werkzeug, sondern ein Symbol für die Verbundenheit von Karl und Marie. Es stand für ihre Liebe und ihre Bereitschaft, sich gegenseitig zu schützen und füreinander einzustehen.

∿

Und so zog Karl zu Marie auf den Resthof. Sie bauten ihr Leben auf dem Land auf, umgeben von den Pflanzen, die Maries Leidenschaft waren, und

der Liebe, die sie füreinander empfanden. Die Jahre vergingen, und aus den beiden wurde eine glückliche Familie. Sie bekamen Kinder, die mit der Natur aufwuchsen und die Liebe für Pflanzen und die geheimnisvollen Kräfte der Natur von ihren Eltern geerbt hatten.

Ihre Geschichte wird zu einem Märchen, das von Generation zu Generation weitergegeben wird. Es erzählt von der Kraft der Liebe, der Stärke in schwierigen Zeiten und der Magie.

Und wenn sie nicht gestorben sind, dann leben Karl und Marie noch heute, auf ihrem idyllischen Resthof, umgeben von der Schönheit der Natur und der Liebe, die ihr Leben zusammenhält.

Liebe Leserinnen und Leser, machen Sie es sich bequem, denn Sie stehen kurz davor, in eine Geschichte einzutauchen, die so voller Überraschungen steckt, dass selbst das Schicksal ins Grübeln kommt und murmelt: „Huch, damit habe ich jetzt nicht gerechnet."

Sie werden Hans kennenlernen, einen modernen Helden, dessen Abenteuer beweisen, dass man im Leben nie zu viele Aktien oder zu wenig Humor haben kann. Sie werden Zeuge, wie er von einem Silicon Valley-Sterntaler zum minimalistischen Philosophen wird, der mehr Tauschgeschäfte macht als ein erfahrener Flohmarkthändler.

Also, legen Sie Ihre Aktienkurse beiseite, vergessen Sie die Welt der endlosen Benachrichtigungen und tauchen Sie ein in ein Abenteuer, das so einzigartig ist wie ein Einhorn beim Skateboardfahren.

Viel Vergnügen beim Lesen von „Hans im Glück", der Geschichte, die beweist, dass manchmal das größte Glück darin besteht, sich von allem zu befreien.

Hans im Glück

In einer nicht allzu fernen Zukunft, in einem Land, das genauso gut Silicon Valley sein könnte, arbeitete unser Held Hans. Sein Arbeitsplatz? Ein Start-up, so hip, dass selbst die Kaffeetassen Instagram-Accounts hatten. Hans, mit dem Enthusiasmus eines Golden Retrievers und dem Koffeinspiegel eines Espresso, widmete sich sieben Jahre lang dem Aufbau einer App, die – *Überraschung* – die Welt verändern sollte.

Dann, eines schönen Tages, als die Sonne schien, die Vögel zwitscherten und die Aktienkurse stiegen, passierte es: Hans bekam seine Belohnung. Aktien! So viele, dass er hätte Monopoly damit spielen können.

„Du bist jetzt reich, Hans!", riefen seine Kollegen, während sie Konfetti warfen, das verdächtig nach zerrissenen Kreditkartenabrechnungen aussah.

Mit einem Bankkonto, das jetzt mehr Ziffern hatte als sein Tinder-Profil Matches, sagte Hans seinem alten Leben Ade. Er verließ das Büro, das aussah

wie eine Kreuzung aus einer Yoga-Retreat und einer Raumstation, und trat in die Welt der Reichen und Berühmten ein.

Doch der neue Reichtum war nicht nur Sonnenschein und Regenbogen. Nein, es war eher wie eine Folge von „Die Reichen und Berüchtigten". Plötzlich wollten alle etwas von Hans – vom Finanzberater, der aussah wie George Clooneys zweitbester Cousin, bis hin zu einem entfernten Onkel, der immer irgendwie Geld für subtile Geschäftsideen brauchte.

Hans, der in finanziellen Dingen ungefähr so erfahren war wie ein Goldfisch im Synchronschwimmen, fühlte sich überwältigt. „Vielleicht sollte ich das alles investieren", dachte er, „oder eine Insel kaufen, oder … ein Lama?"

Aber dann kam ihm eine bessere Idee. Etwas, das so verrückt war, dass es geradezu genial sein musste. Warum nicht alles aufgeben, sich von dem Stress befreien und das Leben in vollen Zügen genießen? Gesagt, getan! Hans beschloss, sich von seinem Reichtum zu trennen – aber auf eine Weise, die selbst das verrückteste Youtube-Tutorial nicht vorhergesehen hätte.

Hans, nun schwer beladen mit Aktien, so wertvoll wie die Kronjuwelen und doch so lästig wie ein Juckreiz, hatte eine Idee, die so verrückt war, dass sie auf YouTube sicher Millionen Klicks bekommen hätte. Er brach auf zu einer Tausch-Odyssee, die selbst Odysseus neidisch gemacht hätte.

Zuerst tauschte Hans seine Aktien gegen ein Auto, das so viele Extras hatte, dass es fast einen eigenen Assistenten brauchte, um sie alle zu bedienen. Dieses Auto war nicht nur ein Fahrzeug, es war ein rollendes Technikwunder, das mehr Knöpfe hatte als ein NASA-Kontrollzentrum. Hans fühlte sich wie ein Filmstar, bis er versuchte, in der Innenstadt einen Parkplatz zu finden. Nachdem er mehr Zeit mit der Parkplatzsuche als mit dem Fahren verbracht hatte, entschied er, dass es Zeit für einen neuen Tausch war.

Er tauschte das Auto gegen ein Fahrrad, so aerodynamisch, dass es fast abhob, wenn er zu schnell fuhr. Hans, der zuvor gedacht hatte, Fahrradfahren sei ein Kinderspiel, musste bald feststellen, dass Berge und Gegenwind existieren – und dass Fahrradsättel nicht unbedingt für Komfort gebaut sind. Nach einigen Tagen, in denen jeder Muskel in seinem Körper schmerzte, war Hans bereit für den nächsten Tausch.

Das Fahrrad wurde gegen das neueste Smartphone getauscht, ein Gerät so intelligent, dass es bei Schachturnieren gewinnen könnte. Hans war begeistert von den unendlichen Möglichkeiten – bis sein Leben zu einer Serie von Benachrichtigungen, E-Mails und sozialen Medien wurde. Er vermisste die Tage, als das komplizierteste Gerät in seinem Leben ein Toaster war.

In einem Moment der Verzweiflung (und vielleicht auch inspiriert durch den Anblick eines weisen Straßenmusikers, der aussah wie Gandalfs jüngerer Bruder), tauschte Hans das Smartphone gegen ein Buch. Aber nicht irgendein Buch – es war ein altes,

ledergebundenes Exemplar, das ‚*Das große Buch der Lebensweisheiten*' hieß. Hans war fasziniert von den Geschichten und Lehren, die das Buch enthielt. Er las über Kulturen, Philosophien und Lebensstile, die so vielfältig waren, dass er anfing zu glauben, das Buch sei ein Portal zu anderen Welten.

Durch diese Tauschgeschäfte lernte Hans, dass Glück nicht in der Anhäufung von Besitztümern, sondern in den Erfahrungen und im Wissen liegt. Er fühlte sich erleichtert, befreit von der Last materiellen Besitzes und den Erwartungen der Gesellschaft. Aber das größte Abenteuer seines Lebens sollte erst noch kommen …

∿

Hans, nun mit nichts als einem Buch über Lebensweisheiten bewaffnet, war bereit für das nächste Kapitel seines Abenteuers. Er hatte keine Aktien, kein Auto, kein Fahrrad und kein Smartphone – nur sein Vertrauen in das Universum und einen leicht schmerzenden Rücken vom vielen Buch-Lesen.

In einem Café, das so alternativ war, dass selbst der Kaffee eine eigene Lebensgeschichte zu haben schien, passierte es: Hans verlor sein Buch. In einem Moment der Unaufmerksamkeit, abgelenkt durch einen Barista, der aussah wie ein Hipster-Vikinger, vergaß er das Buch auf seinem Tisch. Als er es bemerkte, war es zu spät.

„Nun ja", dachte Hans, „vielleicht war das der Plan des Universums. Zeit für ein neues Abenteuer!"

Kaum hatte Hans das Café verlassen, stieß er buchstäblich mit Anna zusammen. Anna war eine lebensfrohe, quirlige junge Frau mit einer Vorliebe für bunte Schals und einem Lachen, das ansteckender war als Gähnen. Sie hatte Hans' Buch gefunden und war ihm gefolgt, um es ihm zurückzugeben. Bei ihrer Begegnung funkte es sofort – und nicht nur metaphorisch, denn Hans bekam einen kleinen elektrischen Schlag, als er das Buch nahm.

Anna und Hans verbrachten den Tag zusammen und fanden schnell heraus, dass sie das perfekte ungleiche Paar waren. Anna, die Kunstgeschichte stu-

dierte und einen Blog über Street Art betrieb, zeigte Hans die farbenfrohe Welt der Kunst. Hans, der inzwischen Experte im Tauschen war, teilte seine Geschichten und Abenteuer. Sie lachten über seine missglückten Tauschgeschäfte und ihre eigenartigen Begegnungen.

Als der Tag sich dem Ende neigte, saßen Hans und Anna in einem Park, beobachteten die Sterne und teilten eine Tüte Gummibärchen, die Hans in seiner Jackentasche gefunden hatte. In diesem Moment wusste Hans, dass er etwas erlangt hatte, das wertvoller war als alle Aktien und Gadgets zusammen – echte menschliche Verbindung und vielleicht die Liebe.

∿∿

Unser Held Hans, der einst dachte, Glück läge in Reichtum und Besitz, fand sein wahres Glück in den einfachen Dingen des Lebens und in der Liebe zu Anna. Zusammen erkundeten sie die Welt, teils zu Fuß, teils per Anhalter, immer auf der Suche nach neuen Abenteuern und guten Tauschgeschäften.

94

Und wenn sie nicht gestorben sind, dann lachen, lieben und tauschen sie noch heute, ein Beweis dafür, dass das schönste im Leben nicht gekauft, sondern gefunden wird – oft, wenn man es am wenigsten erwartet.

Jetzt lade ich Sie ein, mich auf eine Reise in die Vergangenheit zu begleiten – eine Reise, die von der Neugier der Kindheit bis zur reflektierenden Weisheit des Erwachsenenalters reicht. „Mein Freund Benno" ist mehr als nur eine Geschichte über eine Freundschaft zwischen einem Jungen und seinem Hund; es ist eine Hommage an die unzähligen, oft unbeachteten Augenblicke, die unser Leben prägen und definieren.

Es war mir ein Anliegen, eine Geschichte zu schreiben, die nicht nur unterhält, sondern auch zum Nachdenken anregt – über die Vergänglichkeit unserer Existenz und die Spuren, die wir in den Herzen anderer hinterlassen. „Mein Freund Benno" ist daher mehr als nur eine Erzählung; sie ist eine Einladung, sich an die eigenen unvergesslichen Momente des Lebens zu erinnern und sie wertzuschätzen.

Ich hoffe, dass Sie beim Lesen dieselbe Freude und Melancholie empfinden, die mich beim Schreiben dieser Zeilen begleitet haben. Möge diese Geschichte Sie berühren und Ihnen ein treuer Begleiter sein, so wie Benno es für unseren Protagonisten war.

Mein Freund Benno

Heute möchte ich von meinem Freund Benno berichten. Um es vorwegzunehmen, Benno ist ein Hund.

Die Geschichte begann vor langer Zeit. Ich war damals sechs Jahre alt. Meine Eltern fuhren mit mir während der Sommerferien in den Harz. Unser Ziel war eine kleine Pension in einem kleinen verträumten Städtchen, in der Nähe von Bad Lauterbach. Dort lernte ich Benno kennen, in jenen Tagen war er ein riesiger sechsjähriger Rüde, größer als alle Hunde, die ich jemals gesehen hatte. Damals war er genauso hoch wie ich, sodass wir uns direkt ins Angesicht sehen konnten. Benno war ein Mischling, hatte ein langes zotteliges Fell, eine kurze Schnauze und die Haare am Kopf standen, von seinen Augen ausgehend, struppig ab.

Meine Eltern fanden ihn hässlich und waren anfänglich dagegen, dass ich mit dem großen Vieh im Garten herumtobte und ihn auf meinen Waldstreifzügen mitnahm.

Das Problem war im zweiten Urlaubsjahr überwunden, denn ich hatte gut zehn Zentimeter zugelegt. Mama und Papa gefiel der Harz, so buchten sie während des Aufenthaltes schon für die nächste Urlaubssaison.

Benno war ein ruhiger Hund, ich glaube, ich hatte ihn bloß ein - oder zweimal bellen gehört. Es war ein tiefer, durchdringender Basston. Seine gesamte Kommunikation bestand aus einem Brummen beziehungsweise Knurren, je nachdem was die Situation erforderte. Wenn er angelaufen kam, hörte man ein leises Klirren oder Klappern. Das waren die Steuermarke und ein kleines, aus Aluminium gefertigtes Schildchen an seinem Halsband, auf dem sein Name **Benno** stand.

Das Gästehaus wurde von dem Ehepaar Charlotte und Erich Schwarz geführt. Ihre Tochter Rosi war sieben Jahre älter als ich. Ihr gehörte der Hund. Sein normaler Aufenthaltsort war tagsüber im Foyer. Ansonsten lag er auf einer Schabracke auf dem Absatz im ersten Stock der Feuerschutztreppe.

Sobald wir am Urlaubsort eintrafen und unsere Zimmer bezogen, ich bekam jedes Mal ein eigenes, kam Benno mit seiner Decke in der Schnauze in

meine Kammer und belegte den Platz unter dem Fenster.

Soweit ich mich zurückbesinnen kann, war im Harz während der Sommerferien immer schönes Wetter. Ich erinnere mich an keinen einzigen Regentag. Benno und ich durchstreiften die Wiesen und Wälder in der Umgebung. Wir besuchten jeden Sommer ein altes Grab auf einer Waldlichtung in dem Charlotte's Hund begraben wurde. Wenn wir an dieser Stelle waren, schichteten wir die heruntergefallenen Steine auf und steckten einen neuen Stock in die Mitte. Alle meine übers Jahr angefallenen Fragen, Sorgen und ausgedachten Geschichten besprach ich mit Benno. Er antwortete immer mit einem Brummen oder Knurren. Er war ein guter Zuhörer, ein guter Freund.

Das ging so Jahr für Jahr. Wenn wir in den Urlaub fuhren, in der Pension ankamen, durfte der Hund zu mir ins Zimmer ziehen und während der gesamten Ferienzeit war er mein ständiger Begleiter.

Das war 1970 genauso. Ich war mittlerweile sechszehn, Benno übrigens auch. Charlotte, Rosi und Erich begrüßten uns im Foyer. Rosi absolvierte

damals ihre Ausbildung zur Hotelfachfrau und war in den Sommerferien zu Hause, sie half ihren Eltern im Pensionsbetrieb.

Ich merkte es sofort, Benno war nicht so wie sonst. Er machte einen müden und trägen Eindruck. Erich erklärte mir, dass der Hund schon sehr alt ist: „Man muss sein Alter mal sieben rechnen, um es mit einem Menschen zu vergleichen", verriet er mir. Das waren einhundert und zwölf Jahre, rechnete ich sofort im Kopf aus.

Benno lag nachts auf seiner Decke vor meinem Fenster. Aber er weckte mich nicht mehr beim ersten Sonnenstrahl, um schon vor dem Frühstück ein Abenteuer zu bestehen, und als wir in den Wald gingen, schaute er mich nach zweihundert Metern erwartungsvoll an: „Wir könnten eigentlich wieder umkehren!"

So verbrachten wir in diesem Jahr die meiste Zeit auf der Terrasse oder im Garten. Ich erzählte ihm dort meine Geschichten und er reagierte darauf wie immer mit Brummen oder Knurren.

„Benno wird bald in den Hundehimmel gehen",
beschrieb der Tierarzt seinen Zustand, als er vor-
beikam und den Hund untersuchte. Und so kam es
dann auch.

Papas Urlaub war vorbei und er musste wieder
nach Hamburg. Ich wollte Benno bei seiner letzten
Reise nicht alleine lassen, und so reisten Mama und
Papa ohne mich ab.

An dem Abend verließen wir die Terrasse nicht.
Er hatte die Treppe in den ersten Stock nicht mehr
geschafft, darum holte ich seine Decke aus meiner
Kammer. Wir setzen uns an den Rand der Veranda
und blickten über den Garten in den Wald. Ich er-
zählte ihm, wie schon so oft, eine erfundene Ge-
schichte. Benno legte seine Schnauze auf meine
Oberschenkel und brummte hin und wieder, als
wenn er mir sagen wollte, ich höre dir zu. Als die
Sonne am anderen Morgen aufging, hörte er ein-
fach auf zu atmen. Er starb friedlich und ruhig.

Ich half Erich, am Waldrand eine Grube auszuheben. Dort beerdigten wir Benno. Den Rest vom Vormittag verbrachte ich damit, Steine im Wald zu sammeln und auf seinem Grab zu verteilen.

Am Nachmittag ging ich ins Dorf. Neben der Kirche war das alte Fachwerkhaus des Schnittkers. Nun muss man wissen, dass Schnittker die frühere Berufsbezeichnung für einen Holzschnitzer ist, der Verzierungen und Sprüche in Balken von Bauernhäusern ziseliert. Er war alt und konnte seinen Beruf nicht mehr ausführen. Hin und wieder fertigte er Grabkreuze an und schnitzte den Namen des Verstorbenen hinein. So etwas wollte ich auch für Benno haben. Ich nahm mein Portemonnaie und besuchte ihn in seiner Werkstatt. Als ich ihm die Geschichte von dem Hund erzählte, erhob er sich, kramte in einer Kiste herum und zog ein Holzkreuz hervor. ‚Walter‘ stand darauf.

„Ich habe den Namen falsch geschrieben, der Verstorbene schreibt sich mit ‚th‘.“ Der Schnittker drehte das Kreuz um und gravierte *BENNO*, alles in

Großbuchstaben, auf die Rückseite ein. Bezahlen brauchte ich nichts.

Abends ging ich mit Charlotte, Rosi und Erich zum Grab. Wir befestigten das Kreuz. Anschließend haben wir noch eine Weile dort gestanden, bis ich meine Sachen holte und Rosi mich zum Bahnhof brachte.

„Danke", sagte sie zum Abschied und gab mir einen Kuss. Das war übrigens der erste Schmatz, den ich bekam, außer denen von meiner Mutter oder von irgendeiner Tante.

Im darauffolgenden Jahr fuhren meine Eltern alleine in den Urlaub, denn ich musste für die Schule lernen. Später folgten Abitur, die Bundeswehrzeit und das Studium. Mit Mama und Papa reiste ich nicht mehr in den Harz.

Benno oder die Erinnerungen an dem Freund begleiten mich bis heute. Oft gehe ich in den Wald, stelle mein Fragen und erzähle Geschichten. Und hin und wieder glaube ich, ein Brummen oder Knurren zu hören.

„Hein, warst Du irgendwann noch einmal dort?",
fragte eine Zuhörerin.

Ja – nein, die Erzählung ist nicht ganz zu Ende.

Jahre später, als ich beruflich durch den Harz reiste, fiel mir mein Freund Benno ein. Da ich Zeit hatte, überlegte ich: Finde ich nach siebenundvierzig Jahren das Grab und die Pension wieder? Und wie es da jetzt wohl aussieht?

Gleich darauf verwarf ich die Idee. „Es ist besser, wenn man die alten Erinnerungen ruhen lässt", sagte ich zu mir und steuerte an der Abbiegung zur Ortschaft vorbei.

Aber ich hatte mich doch noch um entschieden und kehrte zurück. Es war ein schöner und warmer Septembertag. Die Pension fand ich sofort, allerdings stand jetzt *Hotel-Schwarz* am Haus dran. Es wurde am ursprünglichen Gebäude etliches an- und umgebaut.

Mein Auto stellte ich in der Einfahrt ab und ging in den großen Garten. Hier hatte sich nicht viel geändert, lediglich ein Spielplatz mit Rutsche und

Sandkiste war neben der Veranda angelegt worden. Ich schritt zum Waldrand und sah den Steinhaufen, Bennos Grabstelle. Mir kamen die Erinnerungen hoch und ein paar Tränen. Ich stand bestimmt einige Minuten an der Grabstätte, dann hörte ich zuerst ein Knurren und darauf ein Brummen.

„Das ist ein altes Hundegrab", rief ein älterer Mann in Försterkluft, der einen Jagdhund bei sich hatte. „Das Grab soll mal ein Junge vor fast fünfzig Jahren angelegt haben, der hier einen Freund begraben musste."

„Ja – das stimmt! Und der Junge, das war ich", erwiderte ich und stellte mich vor.

„Ich bin Hans, der Hund heißt übrigens Wotan – dann hast du bestimmt auch Rosi gekannt?", fragte er, nachdem wir uns auf ein ‚du' geeinigt hatten.

„Ja, Rosi – natürlich kenne ich die."

„Rosi war meine Frau."

Beim ‚war' verkrampfte sich mein Magen.

Er zog seine Augenbraue hoch, schloss die Augen und erklärte: „Sie ist vor zwei Jahren gestorben. Das Hotel haben wir beide bis zu diesem Zeitpunkt

geleitet. Aber komm erst einmal mit nach oben, da können wir uns setzen und etwas trinken."

Wir durchschritten den Garten und setzten uns auf die Terrasse. Hans machte mich mir seiner Tochter Christine bekannt. Ich bekam einen Schreck, denn sie sah aus und bewegte sich wie Charlotte, wie ihre Großmutter. Christine freute sich aufrichtig, mich kennenzulernen, und stellte mir ihren Ehemann Thomas vor. Die beiden führten das Hotel.

Den Nachmittag verbrachten wir damit, in den früheren Fotoalben zu blättern. Mit Hans saß ich lange draußen an dem Tisch und wir schwelgten in alten Geschichten.

„Leider macht man heute nur noch Fotos mit dem Handy. Die werden vielleicht kurzfristig aufbewahrt aber nicht gesammelt oder eingeklebt, und sie sind nach ein paar Jahren futsch. Ist das nicht schade? Verliert man da nicht ein Stückchen Familiengeschichte oder Erinnerungen an Personen und Ereignisse?", beschwerte sich Hans.

Es wurde spät, so forderte mich Christine auf, über Nacht zu bleiben. Ich bekam meine frühere Kammer, die lag nun in dem Hoteltrakt, der für das Servicepersonal bereitgestellt wurde.

Beim ersten Morgengrauen schaute ich aus dem Fenster. Der Nebel floss von den Bergen und legte sich auf die Rasenfläche im Garten. Ich fühlte mich, in alten Zeiten versetzt. Ganz automatisch sprach ich mit Benno: „Was meinst du, wollen wir vor dem Frühstück in den Wald gehen?"

Ohne auf eine Antwort zu warten, lief ich die Treppe hinunter, zur Grünfläche und zum Waldrand. Als ich an Bennos Grabstelle vorbeikam, wurde ich in die Realität zurückversetzt. Abrupt blieb ich stehen, kniete mich hin und sprach zu Benno. „Alter Freund, jetzt vermisse ich dich."

Dieses Mal bekam ich eine Antwort, zuerst ein Brummen und darauf ein Knurren.

„Ich weiß – ich weiß – ich muss dann wohl alleine gehen."

Ganz nebenbei strich ich mit der Hand über die vorderen Steine, stand auf und schlug den Weg in den Wald ein. Vielleicht dreihundert Meter weit war ich gekommen, da lief plötzlich Wotan neben mir. Er stupste mich an und brummte dabei. Natürlich bekam er sofort seine Streicheleinheit von mir. Da sah ich dann auch Hans, der holte auf und wir gingen den Waldweg tiefer ins Gehölz.

„Wir haben doch gestern Abend", begann er „das Foto von der Lichtung gesehen, auf der Charlottes Hund begraben wurde. Ich bin jetzt über vierzig Jahre hier, aber das Steingrab habe ich nie gefunden. Weißt du, wo es ist?"

„Ich vermute mal, dass es die Waldwiese nicht mehr geben wird. Wir können es versuchen, vielleicht finden wir das Grab."

Hans erzählte, dass die Stadt dieses Waldstück bebauen wollte, darum hatte er kurzerhand das gesamte Revier gekauft. Ungefähr zehn Minuten später bog ich links in den Wald ab. Ohne einen Kommentar folgte Hans und der Hund lief voran. Wir fanden das Grab, oder das, was davon übriggeblieben war. Eine vom Sturm umgestürzte Buche hatte den Steinhaufen umgeschmissen. Wir zogen die Baumkrone vom Grab und türmten die Steine neu auf. Zuletzt steckten wir einen Stock in die Mitte und befestigten ihn mit Gesteinsbrocken. Auf dem Rückweg erzählte Hans mir die Geschichte von

dem Schnittker. Diese Anekdote kann ich Euch ein anderes Mal erzählen.

Nach dem Frühstück besuchten Hans und ich das Schnittkerhaus, das zu einem kleinen Heimatmuseum geworden war, und gingen von dort aus zum Friedhof. Er zeigte mir das Grab von Rosi. Anschließend besichtigten wir die Kirche. Ich hatte den Innenraum viel dunkler in Erinnerung.

Später nach dem Mittagessen holte Hans eine Zigarrenkiste vom Boden.

„Ich habe was für dich. Das hier soll ich dir geben, wenn du jemals wieder hierher kommst. Damit hatte Rosi mich beauftragt", erklärte er und überreichte mir die Holzkiste. Ich öffnete die Schachtel und war überrascht. Es lagen Bennos Halsband, einige Steuermarken und das Aluminiumschild mit der Aufschrift **BENNO** darin. Ich musste mit den Tränen kämpfen. Sehr gerne nahm ich diese Erinnerung mit.

Gleich nach Kaffee und Kuchen verabschiedete ich mich von Hans und Wotan. Es wurde Zeit, den Heimweg anzutreten. Christine begleitete mich zum Auto.

„Danke – danke, dass du gekommen bist. Ich habe Papa seit dem Tod von Mama nicht mehr so ausgeglichen gesehen. Gute Fahrt und komme bald wieder."

„ Und, warst Du noch einmal dort? ", fragte eine Zuhörerin.

Ja – ich war noch einmal dort. Ein halbes Jahr später bekam ich eine Todesanzeige. Ich fuhr zur Beerdigung von Hans in den Harz.

Eines Tages kam Wotan bellenderweise ins Foyer. Christine wusste sofort, dass irgendetwas mit ihrem Vater passiert war. Sie fanden ihn sitzend auf Bennos Grab.

Tauchen Sie ein in „Der Kaffeeduft", eine Geschichte, die den alltäglichen Zauber einer Kaffeetasse lebendig werden lässt. Ich lade Sie zu einer beschwingten und heiteren Reise ein, bei der ein einfacher Kaffeeduft zu einem charismatischen Erzähler wird. Durch seine Augen erleben wir, wie Düfte unser Leben bereichern, Erinnerungen wecken und unsere Herzen berühren.

Der Kaffeeduft

In der lebhaften Atmosphäre eines kleinen Bistros saß Anna, eine temperamentvolle junge Frau mit einem funkelnden Blick, die sich alleine an einem Tisch am Fenster niedergelassen hatte. Sie war vertieft in ein Buch, aber ihre Augen verrieten, dass ihre Gedanken woanders waren. Plötzlich wurde sie von meinem Duft – dem herrlichen Aroma ihres starken, frisch gebrühten Kaffees – aus ihren Träumereien gerissen.

Ich, der Kaffeeduft, war nicht nur irgendein Aroma,

sondern der aufdringlichste, verführerischste Duft, den man sich vorstellen konnte. Ich tanzte um Anna herum, kitzelte ihre Nase und erinnerte sie daran, dass das Leben zu kurz ist, um in Tagträumen zu versinken.

Anna lächelte schelmisch, als die Erinnerungen an frühere, wildere Zeiten durch meinen Duft geweckt wurden. Sie erinnerte sich an Nächte mit Freunden, an spontane Abenteuer, an die unbeschwerte Jugend. Mein Kaffeeduft war wie ein Ticket zurück in diese ungebundene Zeit.

In diesem Moment betrat ein Mann das Bistro. Er war groß, sah aus, als wäre er direkt aus einem Modemagazin entsprungen, und sein Blick fiel sofort auf Anna. Als er sich näherte, verdichtete ich mich zu einem betörenden, süßen Duft, der Annas Auf-

merksamkeit noch mehr fesselte. Ihre Augen blitzten auf, als sie den Mann erkannte – es war David, ein Ex-Freund, berüchtigt und unwiderstehlich.

„David", hauchte sie, ihre Stimme eine Mischung aus Überraschung und Frechheit. Sie tauschten Blicke aus, die voller unausgesprochener Worte und vergangener Leidenschaften waren. Ihre Unterhaltung war ein Feuerwerk aus Flirts und versteckten Andeutungen, während ich, der Duft, das Ganze unterstrich und für zusätzliche Spannung sorgte.

Plötzlich änderte sich die Szenerie. Ein Kellner servierte ein Gericht an einem benachbarten Tisch, und der Geruch von Knoblauch und Gewürzen mischte sich in die Luft. Ich, als Kaffeeduft, musste gegen diesen mächtigen Konkurrenten ankämpfen. Anna rümpfte die Nase und warf David einen frechen Blick zu. „Immer passiert irgendwas Verrücktes, wenn du in der Nähe bist", lachte sie.

David, sichtlich amüsiert, stimmte zu. Sie versuchten, das Beste aus der Situation zu machen, während ich, der Duft, mich bemühte, den Raum zu be-

herrschen. Trotz des Knoblauchgeruchs konnte ich mich behaupten, und die beiden lachten über die absurde Wendung.

Anna und David genossen ihre Zeit, unbeeindruckt von den kleinen Katastrophen des Lebens. Ich zog schließlich davon, nachdem ich meine Rolle als Kuppler und Stimmungsmacher erfüllt hatte. Anna und David verabschiedeten sich mit einem Versprechen, sich bald wiederzusehen, und ich, der Kaffeeduft, schwang mich auf in die Lüfte, zufrieden mit meiner frechen, aber effektiven Rolle in diesem kleinen Liebesspiel.

Als ich mich dann auflöste, konnte ich nicht anders, als darüber nachzudenken, wie die Welt aus meiner Perspektive aussieht:

Ich, ein einfacher Duft kann so viel bewirken, kann Menschen in die Vergangenheit versetzen oder in der Gegenwart verankern.

Begeisterung und Entschlossenheit sind die Grundpfeiler für die Verwirklichung unserer Träume. Diese Geschichte soll eine Quelle der Inspiration und des Mutes sein für all jene, die danach streben, ihren eigenen Zielen und Leidenschaften zu folgen.

Cinderella-Moden

In einem ruhigen Vorort, eingebettet zwischen Hochhäusern und modernen Einkaufszentren, lebte Cindy. Sie war eine junge Frau mit einer außergewöhnlichen Leidenschaft für Kleidermode und Design. Mit ihrem kreativen Talent und ihrem unverkennbaren Stil hätte sie in der Welt der Mode Großes erreichen können, aber das Schicksal hatte andere Pläne für sie.

Cindys Leben war nicht so glamourös wie ihre Träume. Sie wohnte in einem bescheidenen Haus. Ihre Stiefmutter Linda und ihre beiden Stiefschwestern Chantal und Mandy, behandelten sie schlecht.

Lindas Besessenheit von Social Media und ihrem Online-Image führte dazu, dass sie ihre Stieftochter Cindy als Dienstmädchen ausnutzte. Cindy musste den Haushalt führen, einkaufen, putzen und sich um alles kümmern, während Linda und ihre Töchter die meiste Zeit damit verbrachten, Selfies zu machen und sich in ihren eigenen Welten zu verlieren.

Cindy hatte eine Ausbildung zur Schneiderin absolviert und arbeitete in einem Einkaufszentrum als Schaufensterdekorateurin. Zu Hause hatte sie sich einen heimlichen Rückzugsort geschaffen - einen winzigen Dachboden, den sie in ein kleines Atelier verwandelt hatte. Hier konnte sie ihrer Leidenschaft für Mode und Design nachgehen. Mit einer alten Nähmaschine, Stoffresten und kreativen Ideen schuf sie wunderschöne Kleidungsstücke und Accessoires. Dieser Dachboden war ihr ganz persönlicher Zufluchtsort, an dem sie sich lebendig fühlte.

An einem sonnigen Morgen, während Cindy auf dem Dachboden arbeitete, entdeckte sie eine Nachricht auf ihrem Smartphone. Sie war von ihrer bes-

ten Freundin Isabella, die ein aufregendes Ereignis ankündigte: „Hey, Cindy! Hast du schon von dem Mode-Designwettbewerb gehört, den *Modern Chic* veranstaltet? Du solltest unbedingt teilnehmen, deine Designs sind fantastisch!"

Cindy starrte auf das Bild des glitzernden Mode-Designwettbewerbs und spürte eine Mischung aus Begeisterung und Unsicherheit. Sie hatte von dem Wettbewerb gehört, aber ihre Stiefmutter hatte ihr jegliche Hoffnung genommen, jemals ihre Designträume zu verwirklichen.

In der Küche des bescheidenen Hauses herrschte eine angespannte Stille, die nur durch das monotone Ticken der alten Wanduhr unterbrochen wurde. Cindy, in einer abgetragenen Schürze und mit müden Augen, räumte gerade das Frühstücksgeschirr weg, als Linda, ihre Stiefmutter, den Raum betrat. Lindas Haltung war stolz und herrisch, ihre Augen blitzten kritisch über das ordentlich gesäuberte Zimmer.

„Cindy", begann Linda mit einer Stimme, die so kalt war wie der Marmor der Küchenarbeitsplatte, „ich habe gesehen, dass du letzte Nacht wieder bis spät in dein Atelier gegangen bist. Denkst du nicht, dass du deine Zeit besser nutzen könntest? Zum Beispiel, indem du dich um das Haus kümmerst oder mir bei meinen sozialen Medien hilfst?"

Cindy spürte, wie ein stechender Schmerz in ihrer Brust aufstieg. Sie hatte gehofft, dass ihre nächtlichen Bemühungen um ihre Modeentwürfe unbemerkt geblieben waren.

„Ich … ich glaube, ich kann beides tun, Linda", erwiderte sie vorsichtig, ihren Blick fest auf die Tasse in ihrer Hand gerichtet.

Linda lachte höhnisch. „Beides, wirklich? Sieh dich doch an, Cindy. Du wirst niemals eine echte Designerin sein. Du bist ein einfaches Mädchen, das für einfachere Dinge bestimmt ist."

Die Worte trafen Cindy wie ein Schlag. Ein Moment der Stille hing in der Luft, schwer wie Blei. Dann, mit einer Entschlossenheit, die sie selbst überraschte, hob sie den Kopf und sah Linda direkt in die Augen. „Vielleicht bin ich einfach", sagte sie ruhig, „aber ich habe Träume, Linda. Und ich arbeite hart daran, sie zu verwirklichen. Meine Mode ist ein Teil von mir, und ich werde nicht aufhören, daran zu arbeiten, nur weil du es nicht verstehst."

Linda schnaubte verächtlich. „Träume", spottete sie. „Nun, träum weiter, Mädchen. Aber denk daran, dass Träume nicht die Rechnungen bezahlen. Und solange du unter meinem Dach lebst, wirst du tun, was ich sage."

Mit diesen Worten verließ Linda die Küche, ihr stolzer Gang hallte laut in Cindys Ohren nach. Allein zurückgelassen, atmete Cindy tief durch. Sie spürte, wie die Worte ihrer Stiefmutter an ihr nagten, aber sie wusste, dass sie nicht aufgeben konnte. Ihre Leidenschaft für das Design war ihr einziger Lichtblick in einer Welt, die oft zu dunkel schien.

In diesem Moment entschied Cindy, dass sie mehr denn je bereit war, für ihre Träume zu kämpfen. Sie würde am Mode-Designwettbewerb teilnehmen, egal was es kosten würde. Mit neuer Entschlossenheit kehrte sie an ihre Arbeit zurück, gestärkt durch das Wissen, dass ihre Träume es wert waren, um sie zu kämpfen. Eine Träne glitt über ihre Wange, aber dann fasste sie einen Entschluss. Sie würde nicht länger zulassen, dass die Bosheit ihrer Stiefmutter und Stiefschwestern ihre Träume erstickte. Cindy würde sich dem Wettbewerb stellen und alles daran setzen, ihre Arbeiten der Welt zu präsentieren.

Mit neuem Mut und Entschlossenheit begann sie, Pläne zu schmieden.

In den Tagen nach ihrer Entscheidung, am *Modern Chic* Mode-Designwettbewerb teilzunehmen, arbeitete Cindy mit größerer Hingabe an ihren Modellen. Ihr kleiner Dachboden war ihr Heiligtum, ein Ort, an dem sie ihre kreativen Ideen zum Leben erwecken konnte. Sie skizzierte, nähte und bastelte, als gäbe es kein Morgen. Ihr Herz fühlte sich leichter an, da sie endlich einen Weg gefunden hatte, ihre Leidenschaft zu verfolgen.

Cindy wusste , dass sie nicht einfach unter ihrem eigenen Namen am Wettbewerb teilnehmen konnte, ohne dass ihre Stiefmutter und Stiefschwestern davon erfuhren. Sie brauchte eine geheime Identität, unter der sie anonym bleiben konnte. Das war der Moment, in dem ihre beste Freundin Isabella ins Spiel kam.

Isabella war nicht nur Cindys Vertraute, sondern eine begabte Programmiererin. Sie hatte eine Idee: Sie würde eine Online-Identität für Cindy erstellen, unter der sie am Wettbewerb teilnehmen konnte. Zusammen entwickelten sie einen kreativen Namen und eine einzigartige Online-Präsenz. Cindy würde nun unter dem Pseudonym Ella auftreten.

Während Cindy ihre Designs weiter perfektionierte, wurde Ella in der Online-Modeszene schnell zu einem aufstrebenden Star. Sie postete ihre Skizzen und Entwürfe auf sozialen Medien und ermutigte andere, ihre eigenen kreativen Talente zu entfalten. Die Ella-Community wuchs rasch, und Cindy fühlte sich, als hätte sie endlich eine Gruppe von Gleichgesinnten gefunden, die ihre Liebe zur Mode teilten.

Die Tage wurden zu Wochen, und Cindy fühlte sich gestärkt wie nie zuvor. Sie wusste, dass der *Modern Chic*-Wettbewerb eine große Herausforderung sein würde, aber als Ella und Isabella an ihrer Seite fühlte sie sich bereit, sich dieser Schwierigkeit zu stellen.

Die Tage zogen ins Land, und Cindy, die unter dem Pseudonym Ella am *Modern Chic* Mode-Designwettbewerb teilnahm, arbeitete unermüdlich an ihrer Kollektion. Ihr kreativer Fluss schien endlos zu sein, und dank der Ratschläge von Isabella konnte sie ihre Designs weiter verbessern. Bald hatte sie eine beeindruckende Auswahl von Kleidungsstücken, die bereit waren, auf der großen Bühne des Wettbewerbs präsentiert zu werden.

Der Tag des Mode-Designwettbewerbs war gekommen, und die Aufregung in Cindys Herzen war überwältigend. Sie hatte sich sorgfältig darauf vorbereitet und fühlte sich bereit, ihre Modelle der Welt zu zeigen. Als sie zur Veranstaltung ging, konnte sie die Nervosität in der Luft spüren. Die Halle war gefüllt mit Modebegeisterten, Designern und berühmten Persönlichkeiten aus der Modewelt.

Isabella fuhr Cindy zum Wettbewerb. Sie hatte sich ein wunderschönes Kleid selbst entworfen und genäht. Es war ein Prinzessinnenkleid, das einfach

designt und bequem zu tragen war. Dazu trug sie einen kurzen Schleier sowie eine Maske.

Doch zu ihrer Überraschung stellte Cindy fest, dass auch ihre Stiefmutter Linda und ihre Stiefschwestern Chantal und Mandy, anwesend waren. Linda hatte auf mysteriöse Weise von Cindys Teilnahme am Wettbewerb erfahren und war entschlossen, die Gelegenheit zu nutzen, um ihre eigene Bekanntheit zu steigern. Chantal und Mandy hatten sich heimlich Zugang zu Cindys Dachboden verschafft und Kleider entwendet, um diese ebenfalls bei dem Wettbewerb zu tragen.

Cindy ignorierte ihre Stiefmutter und Schwestern und konzentrierte sich darauf, ihre Ella-Kollektion auf die Bühne zu bringen. Als sie an der Reihe war, die Designs zu präsentieren, trat sie mit Selbstbewusstsein und Eleganz auf. Die Jury und das Publikum waren beeindruckt von ihren einzigartigen und innovativen Kreationen. Jedes Stück, das sie vorstellte, erzählte eine Geschichte und zeigte ihre Leidenschaft für Mode.

Als die Präsentation vorbei war, konnte Cindy die aufgeregten Gespräche und das Staunen in der Menge spüren. Die Jury hatte eine schwierige Entscheidung zu treffen, aber schließlich wurde Ella als Gewinnerin des Wettbewerbs ausgerufen. Die Freude und Begeisterung, die Cindy in diesem Moment empfand, waren unbeschreiblich.

Linda, Chantal und Mandy hingegen waren fassungslos und wütend. Ihre Pläne, mit den geklauten Modellen zu profitieren, waren gescheitert. Die Gewinnerin bei diesem Wettbewerb war die verschleierte und maskierte Ella. Sie hatte sich aus ihrem Schatten erhoben und ihren Platz in der Modewelt gefunden. Linda und ihre Stiefschwestern sahen ihre Träume zerplatzen, während Ella von Ruhm und Erfolg begrüßt wurde.

∿

Nach ihrem beeindruckenden Sieg beim Mode-Wettbewerb wurde Cindy von Oliver Hartmann zu einem Modeball eingeladen. In der Modewelt galt er als einflussreicher Modekritiker, der für seine strengen und anspruchsvollen Rezensionen bekannt war. Seine Meinung hatte das Potenzial, die Karrie-

re eines Designers zu formen oder zu brechen. Oliver Hartmann wurde von Cindys Talent und ihrer Begabung angezogen, nachdem er Ellas Arbeit bei der Modenschau gesehen hatte. Er sehnte sich danach, mehr über die geheimnisvolle Schöpferin zu erfahren. Er hatte viele Modedesigner kommen und gehen sehen, aber Cindys Kreativität und Innovation hatten einen tiefen Eindruck auf ihn hinterlassen.

Cindy hatte die Einladung zum Modeball angenommen. Sie war überrascht, dass ihre Stiefmutter Linda und ihre Stiefschwestern Chantal und Mandy ebenfalls eingeladen worden waren. Entschlossen, unerkannt zu bleiben, beschloss sie, erneut mit Maske und Schleier zu erscheinen.

Während sie sich auf dem Dachboden für den Ball vorbereitete, hörte sie plötzlich das Geräusch der Tür, die zugeschlagen und abgeschlossen wurde und fand sich in völliger Dunkelheit wieder. „Na, na, na, meine liebe Ella, wohin willst du so eilig? Aber das wird nichts!", ertönte Mandys spöttische Stimme.

Cindy spürte, wie Panik in ihr aufstieg, als Mandy böse Bemerkungen über sie machte und sie einschloss. Mit zitternden Händen griff sie nach ihrem Smartphone und versuchte, Isabella anzurufen. Glücklicherweise erreichte sie ihre beste Freundin, die sofort versprach, so schnell wie möglich zu ihr zu kommen und ihr zu helfen.

Die Minuten vergingen, und Cindy fand sich in einer brenzligen Lage. Der Ball war bereits im vollen Gange, und sie war immer noch auf dem Dachboden gefangen. Endlich hörte sie Isabellas Stimme von draußen und erleichtert öffnete sie die Tür.

Als Cindy den Ball erreicht hatte, befand sich der Abend in vollem Schwung. Das Festmahl war abgeschlossen, und die Gäste strömten auf die Tanzfläche.

Cindy konnte ihren Blick kaum von Oliver Hartman, dem einflussreichen Modekritiker, abwenden. Sie fand ihn fantastisch und sehnte sich danach, ihm ihre Designs und ihre Leidenschaft für Mode zu zeigen.

Endlich nahm Oliver Hartmann seinen Mut zusammen und trat auf sie zu. „Guten Abend, junge Dame. Darf ich Sie zum Tanz einladen?", fragte er mit einem Lächeln.

Cindy, überwältigt von seiner Erscheinung, stimmte sofort zu und folgte ihm auf die Tanzfläche. Sie stellte sich als Ella vor. Während sie tanzten, begannen sie ein Gespräch über Mode und Design. Oliver Hartmann war beeindruckt von Cindys Wissen und Talent.

Dann geschah etwas Unerwartetes. Drei Frauen, die ebenfalls Masken und Schleier trugen, präsentierten sich gleichfalls als Ella. Die Anwesenden waren überrascht und verwirrt darüber, dass es plötzlich weitere Ellas gab.

Oliver Hartman, der die Identität der wahren Ella herausfinden wollte, war verärgert und forderte, dass alle Frauen ihre Schleier ablegen und ihre Masken abnehmen sollten.

Die anderen drei Damen, die nun ihre Gesichter enthüllten, waren Linda, Chantal und Mandy. Als sie ihre wahre Identität preisgaben, ertönte ein aufgeregtes Murmeln im Saal.

Daraufhin verließen die drei verärgert die Räumlichkeit. Oliver Hartman, der die Verwirrung nicht verstehen konnte, wurde noch wütender. Er wollte die echte Ella finden und ihre Arbeit bewerten. Doch bevor er die Gelegenheit dazu hatte, war der Moment gekommen, in dem Cindy den Schleier und die Maske abnehmen sollte. Eine Welle der Nervosität überkam sie, ihre Knie wurden weich, und sie rannte überstürzt aus dem Raum, ohne sich zu erkennen zu geben. Dabei vergaß sie ihr Smartphone auf dem Tisch, und bei ihrer Flucht brach auch noch ein Absatz von ihrem Schuh ab.

Isabella war zunächst im Auto geblieben, wurde jedoch neugierig und wollte wissen, wie es Cindy erging. Sie stieg aus ihrem Fahrzeug aus, schlich um das Gebäude herum und fand die Fensterfront zum Festsaal. Dort konnte sie beobachten, wie Cindy neben Oliver Hartmann stand, während Linda, Chantal und Mandy die Tanzfläche verließen. Dann, plötzlich, rannte auch Cindy in Richtung Ausgang. Isabella erschrak und machte eine heftige

Bewegung, die von Herrn Hartmann bemerkt wurde.

Der Modekritiker reagierte auf Isabellas heftige Veränderung und lief hastig zum Fenster, öffnete den Flügel und schaute hinaus. Die Dunkelheit der Nacht und die Aufregung in der Luft verstärkten seine Unsicherheit.

„Was ist hier los? Wer ist Ella?", rief er in die Nacht hinaus, während er versuchte, Isabellas Worte zu verstehen.

Isabella war auf dem Weg zum Auto, als sie zurückrief: „Petersenstraße 12!" Ihre Stimme war aufgeregt und eindringlich, da sie wusste, dass dies der Schlüssel zu Cindys Geheimnis war.

Oliver Hartman, verwirrt und neugierig gleichermaßen, notierte sich die Adresse sorgfältig und schloss dann das Fenster. Er eilte zum Ausgang des Festsaals und ließ die Gäste, die von der Verwirrung um die verschiedenen Ellas noch immer geschockt waren, alleine. Aber sie war weg. Er sammelte den verlorenen Absatz ein und kehre in den Saal zurück.

Er war, völlig fasziniert von seiner Tanzpartnerin, und wollte sie unbedingt wiedersehen. Er war verliebt. Er nahm ihr Smartphone und den abgebrochenen Absatz an sich.

„Alle in die Petersenstraße, ich will Ella in die Arme nehmen", forderte Oliver Hartmann seine Freunde auf, ihn zu folgen. So versammelte er diejenigen, denen er vertraute, darunter einige Modeexperten und enge Begleiter, um sich, und erklärte ihnen kurz die Situation. Alle willigten ein, und so bildete sich eine Gruppe, die entschlossen war, ihm zu folgen.

Ein Konvoi von Autos setzte sich in Bewegung und fuhr in Richtung Petersenstraße. Die Nacht war dunkel, und die Straßen waren ruhig, als sie sich auf den Weg machten.

∿∿

Währenddessen hatten Cindy und Isabella die Flucht ergriffen und erreichten das Haus in der Petersenstraße 12. Schon von weitem sahen sie, dass die Stiefmutter Linda und ihre beiden Töchter, Chantal und Mandy, bereits dort waren. Die Aufregung war im Haus spürbar, und daher liefen die

beiden Frauen die Treppe hinauf, um auf den Dachboden zu gelangen. Cindy konnte ihre Tränen nicht zurückhalten, während sie mit Isabella nach oben eilte.

Ein Konvoi von etlichen Fahrzeugen, so viele wie der Vorort noch nie gesehen hatte, fuhr in einer langen Schlange in die Petersenstraße. Oliver Hartmann fuhr in seinem Wohnmobil an der Spitze des Konvois, entschlossen, die wahre Ella zu finden. Er hielt Cindys Smartphone und den abgebrochenen Absatz als wichtige Beweisstücke in der Hand.

Die Situation in der Petersenstraße war chaotisch geworden. Oliver Hartmann war fest entschlossen, die Identität von Ella zu enthüllen. Der Modekritiker stürmte aus seinem Auto und klingelte energisch an der Haustür von Hausnummer 12.

Linda öffnete die Tür und blickte überrascht auf den aufgebrachten Besucher. Oliver forderte sie unmissverständlich auf, Ella herbeizurufen und als Beweis den Schuh vorzulegen, der zu dem abgebrochenen Absatz passte.

Linda lächelte ihn an und erwiderte: „Einen Moment, ich muss meine Tochter rufen." Sie schloss sofort die Tür, ließ den Gast vor der Haustür stehen und begab sich ins Innere des Gebäudes.

Tatsächlich lief Linda zu ihren beiden Töchtern, um ihnen von Hartmans Anliegen und seiner Entschlossenheit, Ella zu finden, zu berichten. Chantal, die schnell handeln wollte, rannte daraufhin zum Dachboden und versperrte die Tür zu Isabella und Cindy, denn sie hatte mitbekommen, dass die beiden Frauen nach oben gegangen waren. Währenddessen brach Mandy den rechten Absatz eines Tanzschuhs ab, setzte ihre Maske auf und legte den Schleier an, um sich als Ella auszugeben. Die Verwirrung und Spannung in Cindys Haus erreichte ihren Höhepunkt, während der Konvoi draußen wartete und Oliver Hartmann ungeduldig auf die Enthüllung der wahren Ella wartete.

∿

Cindy und Isabella waren auf dem Dachboden gefangen. Sie versuchten verzweifelt, die Tür von innen zu öffnen. Ihre Herzen pochten vor Aufregung und Wut, und Cindy kämpfte mit den Tränen. Isa-

bella tröstete sie und überlegte gleichzeitig, einen Ausweg zu finden.

Unten im Haus setzte Linda ihr schelmisches Lächeln auf und wandte sich an Mandy. „Mach dich bereit, Ella zu spielen", flüsterte sie. „Wir können diese Gelegenheit nutzen, um unsere Bekanntheit zu steigern und die Modewelt zu erobern."

Mandy nickte und fühlte sich schmeichelhaft in dem eleganten Kleid, der Maske und dem Schleier, den sie trug. Oliver Hartmann wartete ungeduldig vor dem Haus.

In der Zwischenzeit hatte Isabella eine Idee. Sie griff nach ihrem eigenen Smartphone und rief ihren Freund Bruno an. Sie erklärte ihm die Situation und schilderte, wie Cindy und sie auf dem Dachboden gefangen waren. Bruno, der ein kräftiger und entschlossener Mann war, versprach sofort zu kommen und ihnen zu helfen.

Inzwischen hatte Mandy das Haus als Ella verkleidet, verlassen und ging auf Herrn Hartmann zu. Ihr Herz pochte vor Aufregung, als sie vor dem Modekritiker stand. Oliver empfing Mandy und musterte den mitgebrachten Schuh und, um mithilfe von Face ID ihre Identität herauszufinden. Doch zu seiner Enttäuschung passte der Schuh nicht zum abgebrochenen Absatz, und das Smartphone reagierte nicht auf Mandys Gesicht. Die anderen Leute, die inzwischen aus ihren Autos gekommen waren, pfiffen Mandy aus, da sie erkannten, dass sie nicht die wahre Ella war.

Oliver Hartmann schickte Mandy zurück mit dem klaren Auftrag, die echte Ella zu schicken. Mandy, den Tränen nahe, lief zum Haus.

Ein paar Minuten später kam eine andere Frau aus dem Gebäude, die sich ebenfalls als Ella ausgab und einen Tanzschuh mit fehlendem Absatz vorzeigte. Oliver Hartmann und die anderen schauten gespannt auf den Schuh und versuchten erneut, mithilfe von Face ID ihre Identität zu überprüfen. Doch auch diese Frau erwies sich als falsche Ella, da der Schuh nicht zum abgebrochenen Absatz passte. Ein lautes Pfeifkonzert und Gelächter erhob sich von den Umstehenden, die nun die Situation zunehmend skurril fanden. Die falsche Ella wurde mit Spott und Zurufen zurückgeschickt.

Oliver Hartman, mittlerweile frustriert von den Verwechslungen und Fehlversuchen, klingelte nochmals energisch an der Haustür. Linda öffnete die Tür erneut und beteuerte, dass es keine weiteren Personen im Haus gäbe. Sie versuchte, selbstbewusst zu wirken, obwohl sie wusste, dass die Dinge außer Kontrolle geraten waren. Oliver Hartmann war jedoch nicht bereit aufzugeben. Seine Entschlossenheit trieb ihn weiter an. Er war überzeugt, dass es eine Erklärung für das Rätsel um die verschiedenen Ellas geben musste, und er würde nicht ruhen, bis er diese Lösung gefunden hatte.

∿∿

Während all das geschah, näherte sich Bruno in seinem robusten SUV der Petersenstraße. Bruno war ein wahrlich beeindruckender Maschinenbauingenieur, nicht nur wegen seiner imposanten Größe von zwei Metern und fünf Zentimetern, sondern auch aufgrund seiner körperlichen Stärke. Er war ein erfolgreicher Rugby-Spieler und hatte die Entschlossenheit, Isabella und Cindy zu befreien und die Verwirrung aufzuklären.

Als Bruno vor dem Haus in der Petersenstraße ankam, stieg er aus seinem Fahrzeug aus und eilte zur Haustür. Er klingelte energisch, doch es wurde ihm nicht geöffnet. Bruno war nicht bereit, aufzugeben. Er nahm einen kurzen Anlauf und rannte mit seiner beeindruckenden Stärke gegen die Tür, die nach innen fiel. Ein lauter Beifall und Jubel brach von den umstehenden Zuschauern aus, die von Brunos Entschlossenheit beeindruckt waren.

Ohne zu zögern, rannte Bruno die Treppe zum Dachboden hinauf. Die Tür zu Isabella und Cindy stellte für ihn kein Hindernis dar, und er öffnete sie mühelos. Die beiden Frauen waren erleichtert, als sie Bruno sahen. Ohne Zeit zu verlieren, liefen sie aus dem Haus ins Freie, begleitet von einem tosenden Applaus der Menschenmenge, die Zeuge des dramatischen Geschehens geworden war.

Oliver und die anderen Gäste des Modeballs hatten endlich Gewissheit darüber, wer die wahre Ella war. Der Mann, der zunächst frustriert über die Verwirrung war, erkannte Cindy sofort als seine Tanzpartnerin vom Modeball. Er entschuldigte sich für

die Aufregung. Die anderen Gäste schlossen sich an und applaudierten Cindy für ihren Sieg.

Linda, Chantal und Mandy, die sich als Ella ausgegeben hatten, wurden für ihre Täuschung und ihr unehrenhaftes Verhalten von der Menschenmenge und in den Internetplattformen verurteilt. Ihr Versuch, Cindys Erfolg zu vereiteln, war kläglich gescheitert, und die Menschen erkannten die wahre Kreativität und Leidenschaft, die Cindy für die Mode hatte.

In derselben Nacht zog Cindy aus der Petersenstraße zu Oliver. Es gab nicht viele Dinge zu transportieren, denn ihre Kollektion hatte sie in den Schaufenstern des Einkaufszentrums untergebracht. Unter dem Label *Cinderella Moden* entwarf sie wunderschöne festliche Kleider, die nicht nur elegant, sondern äußerst bequem zu tragen waren. Cindy fühlte sich überwältigt von der Unterstützung und Anerkennung, die sie erhielt, und sie konnte endlich ihr Engagement für die Mode frei ausleben.

Cindy und Oliver wurden ein Paar und teilten nicht nur ihre Liebe zueinander, sondern auch ihre Träume und Leidenschaften. Zusammen feierten sie Cindys Erfolg in der Modewelt und unterstützten sich gegenseitig in ihren kreativen Projekten.

Isabella, Bruno und all ihre Freunde blieben ein wichtiger Teil von Cindys Leben. Sie bildeten eine starke Gemeinschaft von Unterstützern, die sich beidseitig ermutigten, ihre Träume zu verwirklichen.

Die Geschichte von Cinderella-Moden wurde zu einer Legende, die Mode und Freundschaft feierte und daran erinnerte, dass wahre Schönheit von innen kommt und die Leidenschaft, die man für seine Träume hegt, unermüdlich gelebt werden sollte.

Und so lebten sie glücklich und erfüllt, wissend, dass Träume wahr werden können, wenn man an sich selbst glaubt und die Unterstützung von Freunden hat. Die Welt hatte eine neue Modedesignerin gefunden, die nicht nur wunderschöne Kleider kreierte, sondern eine inspirierende Geschichte des Triumphs und der Freundschaft hinterließ.

Willkommen in der Welt von Friedrich, dem Protagonisten unserer nächsten Geschichte, der sich durch ein Leben voller skurriler Wendungen und unerwarteter Katastrophen navigiert. Diese Erzählung, eine Mischung aus schwarzem Humor und Ironie, ist eine Hommage an das unvermeidliche Chaos des Lebens und die oft bizarre Art und Weise, wie das Schicksal seine Fäden spinnt.

Begleiten Sie also Friedrich auf seiner turbulenten Reise und entdecken Sie, wie sich selbst in den dunkelsten Momenten ein Licht entzündet.

Friedrich im Pech

In einem Dorf, so klein, dass selbst die Sonne es manchmal übersah, lebte Friedrich – der lebende Beweis, dass Murphy's Gesetz eher eine optimistische Lebensphilosophie als eine Warnung ist. An seinem 40. Geburtstag beschloss er, das Universum herauszufordern, indem er eine Party veranstaltete.

Wenn das Schicksal mit Zitronen handelt, pflanze ich eine Zitronenbaum-Plantage, dachte er sich mit einem ironischen Lächeln.

Während Friedrich die Dekorationen aufhängte, spielte das Schicksal eine Runde *Mensch ärger dich nicht*. Ein Sturm braute sich zusammen, so dramatisch, als hätte jemand vergessen, dem Wettergott zu sagen, dass es nur ein Geburtstag und keine Shakespeare-Tragödie war. Aber die Dorfbewohner, die sich nie eine gute Show entgehen ließen, kamen trotzdem, beladen mit Geschenken, die mehr aus Mitleid als aus Freude gewählt waren.

∿

Als Friedrich die Kerzen auf seinem Kuchen aus-

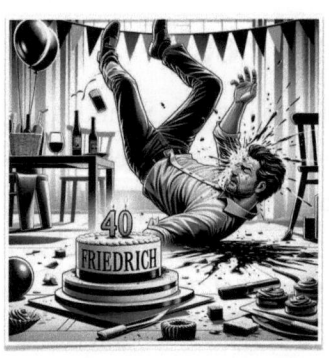

pusten wollte, schnappte das Schicksal nach Luft und der Strom fiel aus. Im flackernden Kerzenlicht stolperte er, ein perfektes Beispiel für die Schwerkraft, die sich einen Scherz erlaubt, und er landete mit dem Gesicht voran im Kuchen. Es war ein Moment so perfekt unperfekt, dass selbst die Bestimmung eine Pause einlegen musste, um zu lachen.

„Ist das Sahne oder die weiße Flagge der Kapitulation?", witzelte ein Nachbar. Sein Gesicht noch voller Backwerk akzeptierte Friedrich sein Schicksal mit einem resignierten Lächeln.

„Mein Leben ist wie ein Kuchen: eine süße Katastrophe", antwortete er, wobei die Dorfbewohner in Gelächter ausbrachen. In diesem Moment wurde ihm klar, dass, obwohl er ständig vom Pech verfolgt wurde, er zumindest immer für eine gute Geschichte gut war.

Nachdem Friedrichs Geburtstag in einem Chaos endete, das selbst die griechischen Tragödienautoren als übertrieben abgetan hätten, entschied er sich, sein Glück im Spiel herauszufordern – denn wenn das Leben dir keine Chance gibt, warum nicht im Lotto gewinnen?

Mit einem Lächeln, das besagte, ich weiß, *dass ich wahrscheinlich von einem fallenden Klavier getroffen werde, aber was soll's*, kaufte er ein Lottoticket.

Zu Friedrichs und des gesamten Dorfes größter Überraschung – und teilweise Entsetzen – gewann er tatsächlich den Jackpot: 10 Millionen Euro.

Für einen kurzen, glänzenden Moment schien es, als hätte das Schicksal sich entschieden, Friedrich eine Pause zu gönnen. Die Dorfbewohner starrten auf die Gewinnzahlen, als wären sie Zeugen eines Wunders geworden, das vergleichbar wäre mit einem Elefanten, der Ballett tanzt.

Aber das Glück ist ein launischer Freund. Friedrich verlor die Lottoquittung. Es war, als hätte das Universum gesagt: „Nur ein Scherz".

Die darauffolgende Suche war so intensiv, dass selbst Sherlock Holmes und Hercule Poirot zusammengezogen wären, nur um zu helfen. Jeder Zentimeter des Dorfes wurde durchkämmt, und – die Quittung wurde schließlich gefunden – in Friedrichs eigenem Haus, halb verdaut im Magen seines treulosen Hundes.

Die Ironie, dass der Hund, der nie etwas Nützliches gefressen hatte, nun den Jackpot verschlungen hatte, entging niemandem.

„Typisch Friedrich", seufzte das Dorf kollektiv, während der Hundebesitzer die unleserlichen Reste der Quittung betrachtete und sich fragte, ob der Hund vielleicht auch seine Glückssträhne verschlungen hatte.

Ein Jahr nach dem Lotto-Fiasko hatte Friedrich sich damit abgefunden, dass sein Leben ein Scherz war, den das Universum sich nicht verkneifen konnte.

Doch dann, als wäre die Welt eine Bühne und das Schicksal ein Dramaturg mit einem besonderen Sinn für Ironie, brach in der örtlichen Bank ein Feuer aus, gerade als Friedrich vorbeischlurfte.

Mit der Entschlossenheit eines Mannes, der nichts mehr zu verlieren hatte – außer ein weiteres Stück seiner Würde – stürmte er in die brennende Bank und begann, Personen zu retten. Jeder, der Friedrich kannte, war verblüfft.

„Er kann nicht mal ein Lottoticket halten, aber Menschen retten?", murmelten sie. Aber Friedrich, getrieben von einem unerklärlichen Heldenmut, rettete tatsächlich drei Personen, bevor ihn ein herabfallender Balken traf. Es war, als hätte das Schicksal gesagt: *Gut gemacht, aber lass es uns nicht übertreiben.*

Friedrich überlebte knapp und wurde zum unerwarteten Helden. Das Dorf, das nicht wusste, ob es lachen oder applaudieren sollte, entschied sich für eine Feier.

Am Tag der Feierlichkeit, als Friedrich, der Mann, der das Pech gepachtet hatte, zur Bühne schritt, passierte das Unvermeidliche. Er stolperte – über seine eigenen Füße, die wohl dachten, es sei an der Zeit für ihren Soloauftritt – und fiel in einen Kuchenstand. Der Stand kippte um, traf das Festzelt, das zusammenbrach wie ein Kartenhaus.

Als der Staub sich legte und Friedrich, bedeckt mit Kuchenkrümeln und Zeltstoff, aufstand, konnte niemand anders, als in schallendes Gelächter auszubrechen.

„Er rettet Menschen aus einem brennenden Gebäude, aber kann nicht über seine eigenen Füße stolpern, ohne ein Zelt zu zerstören", lachte jemand.

Friedrich, der ewige Pechvogel, stand auf, lächelte und nahm seine Rolle an: *der Mann, der selbst als Held nicht vom Pech loskam.*

In dieser Geschichte von Friedrich, dem Mann, dessen Leben sich anfühlte wie eine endlose Serie von typischen Montagen, entdecken wir, dass das Universum manchmal einen bizarren Sinn für Humor hat.

Diese Geschichte ist nicht nur eine Ansammlung von Missgeschicken und ironischen Zufällen, sondern eine Einladung, das Leben aus einer anderen Perspektive zu betrachten – einer, die uns ermutigt, über unsere eigenen Ungeschicklichkeiten zu lachen und die Absurdität des Alltags zu akzeptieren.

Nun, *meine lieben Leserinnen und Leser, schnallen Sie sich die Schwimmflügel an und halten sich fest, denn wir begeben uns auf eine Abenteuerfahrt in die Welt der Seefahrt!*

In der nächsten Geschichte werde ich Ihnen den Klabautermann vorstellen – und nein, das ist keine neue Sorte von Kaffee, auch dann nicht, wenn er mit einem gewissen Kick daherkommt!

Der Klabautermann ist eine Figur aus der Seemannsmythologie, die ihre Wurzeln in deutschen Seefahrerkreisen hat. Stellen Sie sich vor: ein schelmischer, aber herzensguter Kobold, der auf Schiffen herumgeistert und für so ziemlich alles, was schiefgeht, verantwortlich gemacht wird.

Ich lade Sie ein, sich von dieser Erzählung mitreißen zu lassen und die Abenteuer, Streiche und Geheimnisse zu entdecken, die auf Sie warten.

Möge diese Geschichte Ihre Fantasie beflügeln und Ihnen das Gefühl vermitteln, dass in der Welt der Seefahrt immer noch Platz für Überraschungen ist.

Der Klabautermann

An einem sonnigen Morgen betrat Mia voller Vorfreude die *Helene*. Dabei handelte es sich um ein Fährschiff im Hamburger Hafen, das von Insidern *Bügeleisen* genannt wird.

Ihr erster Tag als Praktikantin und angehende Erste Offizierin begann gleich mit einem Stolperstein - buchstäblich! Mia rutschte auf einer Bananenschale aus und fand sich auf dem Po an Deck wieder.

„Nun, das ist wohl der herzliche Empfang, den ich erwartet habe", murmelte sie und hob die rutschige Hülle auf, als hätte sie den gefährlichsten Piratenschatz entdeckt.

Doch das war erst der Anfang ihrer abenteuerlichen Reise. Als sie die Gänge des Schiffes durchforstete, um das Fährschiff kennenzulernen, geschahen die seltsamsten Dinge. Kugelschreiber verschwanden, als ob sie einen magischen Abgang gemacht hätten, Matrosen stolperten über unsichtbare Hindernisse, als würden sie mit Geistern ringen, und Türen schienen ein Eigenleben zu führen, als ob sie plötzlich beschlossen hätten, rebellisch zu werden.

Mia schüttelte den Kopf und fragte sich: *Entweder haben wir es hier mit einem wahrhaftigen Tollpatschverein zu tun, oder ich habe es mit einem echten Schabernack-Meister zu tun.*

Die anderen Crewmitglieder schienen die Vorfälle entweder zu ignorieren oder mit einer stoischen Gelassenheit hinzunehmen, als wäre es die tägliche Portion Wahnsinn. Als Mia schließlich den Kapitän auf das Chaos ansprach, lachte er nur herzhaft und meinte: „Ach, das sind nur die üblichen Seemannsgeschichten, meine Liebe. Da steckt keine böse Absicht dahinter." Mia runzelte die Stirn und beschloss, der Sache auf den Grund zu gehen, als hätte sie ein Sudoku-Rätsel vor sich, bei dem die Zahlen nicht zusammenpassen wollten.

Was Mia zu diesem Zeitpunkt nicht ahnte, war, dass dieser erste Tag auf der *Helene* der Auftakt zu einem abenteuerlichen Unterfangen sein würde, das sie in die tiefsten Gewässer des Übernatürlichen führen sollte.

Mia wollte die seltsamen Vorfälle auf der *Helene* nicht ignorieren. Jeden Tag schien der Klabautermann neue Streiche auszutüfteln, um die Crew in den Wahnsinn zu treiben. Matrosen fanden ihre Schuhe gefüllt mit Pudding, Werkzeuge verschwanden oder wurden in Spaghetti verwandelt, und die Toilettenpapierrollen waren plötzlich an der Decke festgeklebt.

Das ist wirklich nicht normal, dachte Mia, als sie eines Tages ihren Kaffeebecher in der Luft schweben sah, gefolgt von einem frechen Kichern aus dem Nichts. Da muss etwas mehr dahinterstecken.

In der Seemannskantine stieß Mia auf einen alten Seebär, der mit einem Holzbein, einem langen grauen Bart und einem riesigen Dreizack als Gehstock beeindruckend aussah.

Er stellte sich als Kapitän Ahab vor und begann, Mia von den alten Geschichten zu erzählen - von gewaltigen weißen Walen, die die Ozeane durchstreiften, und von diesem schelmischen Klabauter-

mann, der angeblich auf dem Schiff sein Unwesen
trieb.

Mia konnte
ihre Neugier
nicht länger zu-
rückhalten und
teilte dem Kapi-
tän von den skur-
rilen Vorfällen
auf der Helene
mit.

Kapitän Ahab
nickte wissend und meinte: „Das klingt ganz nach
seinem Werk, mein Kind. Der Klabautermann liebt
es, die Crew auf Trab zu halten, aber er hat auch
ein gutes Herz und hilft oft bei Reparaturen."

„Der Klabautermann? Wirklich?" Mia staunte.

„Ja, genau diesen kleinen Schelm mit der roten
Mütze und dem blauen Mantel," erklärte Kapitän
Ahab und lachte herzhaft. „Der Bursche ist ein ech-
ter Scherzkeks, der schon Generationen von See-
leuten zur Verzweiflung gebracht hat."

Mia war von den Geschichten des Kapitäns faszi-
niert und erinnerte sich an die Erzählungen ihres
Großvaters über den Klabautermann. Früher hatte
sie an den Klabautermann geglaubt, und nun be-
gann sie zu überlegen, ob der freche Geselle tat-
sächlich real sein könnte. Die Crew schob die selt-
samen Vorfälle weiterhin auf die Schusseligkeit der
Matrosen.

*Nun gut, dann werde ich ihn auf frischer Tat er-
tappen müssen*, überlegte Mia und fasste den Ent-
schluss, seine frechen Streiche zu entlarven.

Mia hatte sich fest vorgenommen, den Klabauter-
mann zu enttarnen, doch der kleine Schelm schien
immer einen Schritt voraus zu sein. Während sie
fieberhaft nach Beweisen suchte, die seine Existenz
bestätigen würden, trieb er sein Spiel weiter. Nicht
nur spielte er Streiche, sondern er erwies sich auch
als geschickter Helfer. Einmal hatte er heimlich die
Kaffeemaschine repariert, sodass sie wieder wie
neu funktionierte. Aber seine „Kunstwerke" gingen
noch weiter – eines Tages strich er die Kombüse in
einem leuchtenden Rosa, das so grell war, dass es
förmlich in den Augen blendete. Mia musste la-

chen, als sie die Wände sah, die der Klabautermann geschaffen hatte. Es war schwer, sich über seine Streiche zu ärgern, wenn sie gleichzeitig so lustig und hilfreich waren. Und so ging das amüsante Katz-und-Maus-Spiel zwischen Mia und dem frechsten Klabautermann Tag für Tag und Woche für Woche weiter, begleitet von seinen unerwarteten Reparaturen und farbenfrohen Überraschungen.

Als Mia eines Tages durch die schmalen Gänge des Schiffes schlenderte, hörte sie plötzlich ein leises Kichern. Sie folgte dem Kichern und gelangte schließlich zu einer winzigen Tür, die sie zuvor nie bemerkt hatte.

Mit einem verschmitzten Lächeln öffnete Mia die Tür und trat in einen kleinen Raum ein. Und da stand er, der Klabautermann, in seiner roten Mütze und seinem blauen Mantel, und grinste sie schelmisch an. Mia konnte es kaum fassen.

„Ich habe dich endlich erwischt!", rief sie triumphierend aus.

Der Klabautermann lachte herzlich und sagte: „Du hast wirklich ein gutes Auge, Mia. Aber du bist die Einzige, die mich sehen kann. Für die anderen Crewmitglieder bin ich nur ein Haufen Unsinn."

Mia setzte sich auf einen winzigen Stuhl und begann, mit dem Klabautermann zu plaudern.

„Du bist also so eine Art Schiffsgnom?", fragte Mia lachend.

„Genau, aber nenne mich nicht Gnom oder Kobold. Ich bin ein echter Klabautermann mit Stil", antwortete er stolz.

Sie erfuhr, dass er schon seit vielen Jahren auf dem Schiff lebte und sich dort pudelwohl fühlte. Er erzählte ihr von seinen frechen Streichen und wie er den Matrosen half, wenn sie in der Klemme steckten.

Die beiden wurden schnell Freunde und begannen, gemeinsam lustige Streiche auszutüfteln, um die Crew zu überraschen. Die Matrosen staunten nicht schlecht, als plötzlich Werkzeuge von selbst zu ihnen flogen und sich Seile in perfekte Knoten verwandelten.

Mia und der Klabautermann bildeten ein einzigartiges Team. Sie genossen die Freiheit, gemeinsam den Schabernack zu treiben und dabei das Schiff in Schuss zu halten. Doch Mia ahnte, dass sie eines Tages auf die Hilfe des Klabautermanns angewiesen sein würden, wenn es brenzlig wurde. Und dieser Tag sollte schneller kommen, als sie es sich je erträumt hatten.

∿

Mia und der Klabautermann hatten sich zu einem unschlagbaren Team entwickelt. Gemeinsam planten sie die lustigsten Streiche und sorgten dafür, dass das Schiff trotzdem einwandfrei funktionierte. Die Crew blieb weiterhin skeptisch und glaubte nicht an die Existenz des Klabautermanns.

„Das kann doch nicht wahr sein!", seufzte Mia eines Tages frustriert, als sie wieder einmal erleben musste, wie die Matrosen die seltsamen Vorfälle auf das Pech und die Schusseligkeit ihrer Kollegen schoben.

Der Klabautermann lachte schallend und rief: „Diese Jungs haben wirklich keine Ahnung, Mia! Aber das macht es umso amüsanter, ihnen Streiche zu spielen."

Mia nickte zustimmend. Sie hatte sich mittlerweile daran gewöhnt, dass nur sie den frechen Gesellen sehen konnte. Doch sie wusste auch, dass der Klabautermann mehr konnte, als nur Streiche zu spielen. Er hatte bereits bewiesen, dass er in brenzligen Situationen helfen konnte.

Eines Abends, als das Fährschiff auf dem Weg von den Landungsbrücken nach Finkenwerder war, geriet es in ein gewaltiges Unwetter. Der Himmel verdunkelte sich, Blitze zuckten, und die Wellen peitschten gegen das Schiff. Der Sturm tobte, die Wellen erreichten ungeahnte Höhen, und der Regen prasselte so laut auf das Deck, dass man sein eigenes Wort kaum verstehen konnte. Doch das Schlimmste kam erst noch – ein Blitz schlug mit einem ohrenbetäubenden Knall in das Radar des Schiffes ein und ließ es in einem Funkenregen aufsprühen. Das Radar war zerstört.

Die Sicht war gleich null, und das Fährschiff trieb führerlos im Sturm. Die Crew war in Panik, und der Kapitän versuchte verzweifelt, die Kontrolle zurückzugewinnen.

Das Fährschiff driftete hilflos im Sturm. Die Situation schien so aussichtslos wie ein Fisch auf einem Fahrrad.

Der Klabautermann sah die Verzweiflung in Mias Augen und flüsterte ihr leise ins Ohr: „Mia, ich kann uns da raushelfen, aber du musst mir vertrauen."

Mia wusste, dass sie Hilfe brauchte, und der Klabautermann trat in Aktion. Mit einem frechen Lächeln auf den Lippen flüsterte er Mia ins Ohr: „Zeig ihnen, was du kannst, Mia! Vertrau mir."

Mia nickte entschlossen und konzentrierte sich.

„Ich übernehme das Ruder", rief Mia zum Kapitän, der den Platz am Steuerrad bereitwillig für sie räumte. Der Kapitän nickte und fügte mit einem Augenzwinkern hinzu: „Übernehmen Sie das Ruder, Mia. Zeigen Sie diesem Sturm, wer hier das Sagen hat!"

Mia nahm das Ruder in ihre Hände und folgte den Anweisungen des Klabautermanns. Sie spürte, wie er ihr half, das Schiff durch das Chaos zu lenken.

Gemeinsam steuerten sie das Fährschiff geschickt an einem herrenlosen Frachtschiff vorbei, das sich im Sturm losgerissen hatte und auf gefährlichem Kollisionskurs befand. Die Crew konnte es nicht fassen, wie Mia das Schiff sicher durch das Unwetter navigierte und die drohende Gefahr abwendete.

Nachdem der Sturm sich gelegt hatte und die Fähre endlich sicher in Finkenwerder ankam, herrschte an Bord zunächst tiefes Schweigen. Mia wurde als Heldin gefeiert, ihre Tapferkeit und Navigations-künste gepriesen und der Kapitän sagte stolz: „Das war die beste Navigation, die ich je gesehen habe, Mia. Du bist eine großartige Erste Offizierin."

Doch sie selbst wusste, dass der Klabautermann der eigentliche Retter in der Not gewesen war.

Mia und der Klabautermann hatten das Fährschiff vor der Katastrophe gerettet, und von nun an war er ihr treuer Begleiter bei all ihren Abenteuern auf See. Das Leben auf der *Helene* ging seinen ge-

wohnten Gang, doch das bedeutete nicht, dass der Klabautermann seine Streiche aufgab. Im Gegenteil, er schien verwegen und listiger zu werden.

∿

Und so endete für Mia die aufregende Zeit als Praktikantin auf der Helene, begleitet vom frechen Klabautermann. Gemeinsam hatten sie zahlreiche

Abenteuer erlebt, Streiche gespielt und das Schiff vor den Launen der See bewahrt.

Mia schloss erfolgreich ihr Nautik-Studium ab und heuerte als Erste Offizierin auf der Fähre Helene an. Der Klabautermann blieb ihr treuer Begleiter bei all ihren Aufgaben und sorgte weiterhin für lustige Überraschungen, die das Leben an Bord nie langweilig werden ließen.

Und so fuhren sie fortan zwischen den Landungsbrücken und Finkenwerder, auf der Linie 62 des HVV, und erlebten die Abenteuer und Streiche, die nur auf einem Schiff mit einem frechen Klabautermann möglich waren.

„Das funktioniert nicht!" Wie oft hören wir diesen Satz, nur um später festzustellen, dass alles möglich ist, wenn man es nur versucht? **Das Rennen** *ist eine charmante Erinnerung an genau diese Wahrheit. Inspiriert von dem mutigen Gedanken, dass Unwissenheit manchmal der Schlüssel zum Erfolg sein kann.*

Diese Geschichte ist ein Beispiel des Mutes, der Beharrlichkeit und des Glaubens an das Mögliche. Es geht darum, Grenzen zu überschreiten und zu zeigen, dass das Unmögliche oft nur eine Frage des Ausprobierens ist. Begleiten Sie uns auf Lisas humorvolle und inspirierende Reise, die zeigt, dass man mit ein wenig Mut und Entschlossenheit jede Herausforderung meistern kann.

Das Rennen

In Neudorf, einem Dorf, wo selbst die Hühner meinten, sie könnten Fahrrad fahren, herrschte große Aufregung: Das jährliche Fahrradrennen stand bevor. Überall wurden die Drahtesel geölt, Räder aufgepumpt und Helme poliert. Inmitten dieses

Trubels stand Lisa, die einzige „Radlose" im Dorf, bekannt als die unangefochtene „Dreirad-Queen" – eine Meisterin auf drei Rädern, doch auf zwei so stabil wie ein Pinguin auf Rollschuhen.

„Ich mach mit beim Rennen!", verkündete Lisa eines Tages, während sie mit ihrem Dreirad kunstvoll um die Pfützen im Dorfplatz schlitterte. Die Ankündigung sorgte für so viel Aufsehen, dass sogar Frau Müller, die alte Nachbarin, ihre Brille putzte, um sicherzugehen, dass sie richtig gehört hatte.

„Mit einem Dreirad? Oder hast du vor, dir Flügel wachsen zu lassen?", kicherte Max, der selbsternannte „Fahrrad-König" von Neudorf, der so schnell fuhr, dass man meinte, er hätte einen eingebauten Düsenantrieb.

Aber Lisa war fest entschlossen. Ihr Bruder, ein Bücherwurm, der mehr Zeit mit Lesen über Fahrräder als mit tatsächlichem Fahren verbrachte, bot seine Hilfe an.

„Wir machen aus dir eine Radfahrerin!", verkündete er mit einer Mischung aus Enthusiasmus und völliger Ahnungslosigkeit.

Ihr Training begann mit dem Aufbau des *perfekten* Fahrrads. Nach stundenlangem Schrauben und Basteln entstand ein Rad, das aussah, als wäre es direkt aus einem Zirkus entflohen: Mit einem Horn, das klang wie ein singendes Nilpferd, einem Sattel so bunt wie ein Papagei und Rädern, die bei jeder Drehung melodisch klingelten.

Das ganze Dorf beobachtete Lisa, wie sie tagtäglich tapfer auf ihrem skurrilen Fahrrad herumkurvte, begleitet von einer Begleitmannschaft aus neugierigen Hühnern und ihrem treuen Kater Whiskers, der entschieden hatte, dass dies die beste Unterhaltung seit Langem war. Lisa fiel oft, manchmal spektakulär, aber stand jedes Mal wieder auf, oft mit einem Lächeln und einer neuen Schramme.

Bald wurde sie zur lokalen Berühmtheit – die mutige Lisa, die das Fahrradfahren erlernte auf einem Gefährt, das aussah, als wäre es einem Traum entsprungen. Und während das Dorf lachte, jubelte und staunte, wuchs Lisas Entschlossenheit mit jedem Tag. Sie war bereit, allen zu zeigen, dass selbst

die verrücktesten Träume wahr werden können,
wenn man nur den Mut hat, es zu versuchen.

∿

In Neudorf, wo das Fahrradrennen näher rückte
und die Spannung dicker war als Omas Apfelku-
chen, war Lisas Training in vollem Gange. Ihr
Fahrrad, liebevoll *Der Zirkus auf Rädern* genannt,
war eine Attraktion für sich. Mit jedem Klingeln
ihres bunten Rades drehten sich die Köpfe der
Dorfbewohner – einige aus Neugier, andere in der
Hoffnung auf eine weitere spektakuläre Lisa-Show.

Lisa, immer begleitet von ihrem Bruder, der mehr
Bücher als Werkzeuge trug, und ihrem Kater Whis-
kers, der inzwischen entschieden hatte, dass dies
besser als jeder Katzenfernseher war, startete ihr
tägliches Training. Jeder Tag begann mit dem Auf-
wärmen: ein paar Runden um den Dorfplatz, wobei
sie mehr wackelte als eine Götterspeise auf einem
Trampolin.

Das Dorf hatte sich inzwischen in zwei Lager ge-
spalten: die „Lisa-Fans", die sie anfeuerten und die
„Zweifler", die Wetten abschlossen, wie oft sie fal-

len würde. Einige Kinder folgten ihr auf ihren eigenen Fahrrädern, bildeten eine Mini-Parade hinter ihr und imitierten jede ihrer wackeligen Bewegungen.

Die Trainingssessions waren nicht ohne Zwischenfälle. Einmal fuhr sie in Herrn Schmidts Hecke, was zur Folge hatte, dass sie mit mehr Blättern im Haar herauskam, als der Herbst je gesehen hatte. Ein anderes Mal kollidierte sie mit einem überraschten Postboten, der gerade sein Frühstückssandwich genoss. Das Sandwich überlebte nicht.

Aber Lisa ließ sich nicht entmutigen. Mit jedem Tag, jeder Stunde auf dem Fahrrad wuchs ihr Gleichgewicht, ihre Geschwindigkeit und ihr Selbstvertrauen. Sie wurde zur Lokalheldin, die das Unmögliche möglich machte, auf einem Fahrrad, das aussah, als hätte es ein Eigenleben.

Und so, während das Dorf lachte, klatschte und manchmal den Kopf schüttelte, bereitete sich Lisa auf das große Rennen vor. Jeder Sturz, jedes Lachen und jeder Moment der Verzweiflung machten sie stärker. Sie war nicht nur bereit, am Rennen teilzunehmen, sie war bereit, Neudorf zu zeigen, dass manchmal der Mut zu fallen alles ist, was man braucht, um zu fliegen.

Der Tag des großen Fahrradrennens war gekommen, und in Neudorf herrschte eine Aufregung, die so elektrisierend war, dass sogar die Vögel in den Bäumen mitsangen. Die Sonne strahlte, als wolle sie sich keinen Moment von Lisas großem Auftritt entgehen lassen. Das gesamte Dorf versammelte sich, um das Spektakel zu sehen. Selbst die sonst so mürrischen Katzen hatten sich entschieden, an diesem Tag Teil der Menschenmenge zu sein.

Lisa, in ihrem farbenfrohen Outfit, das mehr nach Karneval als nach Fahrradrennen aussah, stand mit ihrem *Zirkus auf Rädern* am Start. Ihr Kater Whiskers hatte sich in der ersten Reihe positioniert, seine Augen funkelten vor Stolz (oder war es doch nur die Sonne?). Ihr Bruder, bewaffnet mit einer riesigen Fahne, auf der „Go Lisa!" stand war bereit, sie anzufeuern.

Das Startsignal erklang, und die Kinder schossen wie Pfeile los. Alle außer Lisa, deren Fahrrad entschied, eine dramatische Pause einzulegen, bevor es sich in Bewegung setzte. Mit jedem Klingeln ihres Rades und jedem Hupen, das wie ein verwirrter Vogel klang, machte sie sich auf den Weg.

Das Rennen war mehr ein Wanderzirkus als ein sportliches Event. Lisas Fahrrad wackelte und schwankte auf dem Weg, als würde es seinen eigenen Tanz aufführen. Die Zuschauer jubelten, manche aus Bewunderung, andere, weil sie dachten, sie seien bei einer Comedy-Show.

In der letzten Runde, als die meisten Kinder das Ziel bereits erreicht hatten, war Lisa immer noch unterwegs, unbeirrt von ihrer Position. Sie wackelte, aber sie fiel nicht. Die Kinder, die das Rennen schon beendet hatten, fingen an, zurückzulaufen, um sie anzufeuern. Selbst Max, der das Rennen gewonnen hatte, rief: „Los, Lisa, du schaffst das!"

Mit einem letzten heroischen Kraftakt, während das Fahrrad sich anfühlte, als ob es jeden Moment auseinanderfallen würde, überquerte Lisa die Ziellinie.

166

Die Menge brach in Jubel aus, und sogar die Zweifler konnten nicht anders, als zu klatschen.

Lisa hatte zwar nicht gewonnen, aber sie hatte das Herz des Dorfes erobert. Sie war nicht nur eine Fahrradfahrerin geworden; sie war ein Symbol der Hartnäckigkeit, des Mutes und der Freude geworden.

Als das Rennen zu Ende war, feierte das ganze Dorf. Es gab Kuchen, Gelächter und Geschichten über Lisas wunderbare Fahrt. An diesem Tag lernte Neudorf eine wichtige Lektion: Es geht nicht darum, wie schnell du bist, sondern um den Mut, anzufangen und durchzuhalten, egal wie wackelig der Weg sein mag. Und Lisa? Sie wurde zur Legende – dem fröhlichsten, wackeligsten und farbenfrohsten Radfahrer, den Neudorf je gesehen hatte.

In den unermesslichen Weiten der Mythologie, dort, wo Götter und Sterbliche in ewigen Geschichten verwoben sind, gibt es eine Figur, die über allen anderen steht: Zeus, der Herrscher des Olymps. Sein Name ruft Bilder von Macht, Weisheit und göttlicher Autorität hervor, eingebettet in die Legenden des antiken Griechenlands. Doch was würde geschehen, wenn ein solch mächtiges Wesen in unserer modernen Welt erwachen würde? Wie würde er auf die Herausforderungen und Veränderungen reagieren, die das 21. Jahrhundert mit sich bringt?

Ich lade Sie ein, sich auf eine faszinierende Reise zu begeben, die die alten Mythen mit der modernen Realität verbindet. Es ist eine Geschichte, die nicht nur Zeus' Wandlung beleuchtet, sondern unsere eigene Fähigkeit, sich an die Gezeiten der Zeit anzupassen.

Zeus erwacht

In den verborgenen Tiefen der Zeit, wo Legenden atmen und Mythen Wirklichkeit sind, schlummerte ich, Zeus, der mächtigste der Götter, in einem tiefen, zeitlosen Schlaf. Jahrtausende vergingen wie flüchtige Träume, bis ich unvermittelt im Jahr 2023 erwachte, in einer Welt, die mir fremd und unverständlich erschien.

Als ich meine göttlichen Augen öffnete, fand ich mich nicht auf dem Gipfel des Olymps, umgeben von den vertrauten Säulen meines majestätischen Palastes, sondern inmitten einer Stadt, die von Lärm und hektischer Betriebsamkeit erfüllt war. Riesige Wolkenkratzer ragten in den Himmel, als würden sie mit dem Olymp selbst wetteifern. Ihre gläsernen und stählernen Fassaden funkelten im Sonnenlicht, doch sie waren kalt und leblos, im Vergleich zu den prächtigen Tempeln, die einst meiner Herrschaft huldigten.

Ich wanderte durch die Straßen, ein Gott unter Sterblichen, beobachtete die Menschen in ihrer rastlosen Eile. Ihre Gesichter waren oft in kleine, leuchtende Bildschirme vertieft, Geräte, die eine ständige Verbindung zur digitalen Welt zu bieten schienen. Sie sprachen von Social-Media-Influencern, die in diesem modernen Leben eine ähnliche Rolle wie die Halbgötter und Heroen meiner Ära zu spielen schienen, doch ihre Macht ist flüchtig, gebaut auf den unbeständigen Säulen der Aufmerksamkeit und des Ruhms.

Diese neue Welt war eine Arena des ständigen Wandels, so anders als die zeitlose Existenz, die ich als Herrscher des Olymps kannte. Die Menschen schienen die alten Götter vergessen zu haben, ihre Verehrung galt nun den neuen Idolen des Augenblicks. In meinem Herzen spürte ich eine Mischung aus Verwunderung und Melancholie. Wo waren die Hymnen und Gebete, die einst zu meinem Thron aufstiegen? Wo war die Ehrfurcht vor dem Göttlichen, die die Menschen damals in ihren Herzen trugen?

In dieser verwirrenden neuen Welt stellte ich mir die Frage, wie ich, Zeus, der einst über Götter und Menschen herrschte, meine Rolle finden könnte. Sollte ich mich zurückziehen und die Welt ihrem Schicksal überlassen, ein einsamer Beobachter in einer Ära, die mich vergessen hatte? Oder sollte ich, wie in alten Zeiten, eingreifen, meine göttliche Macht nutzen, um Ordnung in das Chaos zu bringen? Oder mich gar den modernen Göttern anpassen und ein Teil ihrer flüchtigen Welt werden?

Während ich durch die Straßen schritt, mein Blick auf den Himmel gerichtet, in dem keine Spur von meinem einstigen Reich zu sehen war, wusste ich, dass die Antwort auf diese Fragen nicht leicht zu finden sein würde. Doch eines war sicher: Die Welt hatte sich verändert, und ich, Zeus, müsste einen Weg erringen, in dieser neuen Ära meinen Platz zu behaupten.

∿

In den Tagen, die folgten, streifte ich, Zeus, durch die Straßen der modernen Welt, ein Gott inmitten der Sterblichkeit. Ich beobachtete das geschäftige

Treiben der Menschen, ihre Freuden und Sorgen, die so anders waren als die meiner vergangenen Ära. Ich sah, wie sie in ihren täglichen Routinen gefangen waren, ihre Aufmerksamkeit oft von den kleinen Bildschirmen gefesselt, die sie in ihren Händen hielten.

Nachts, unter dem verblassten Sternenhimmel, den die Lichter der Stadt verdunkelten, spürte ich eine tiefe Melancholie. Ich vermisste den klaren Blick auf den Kosmos, das Gefühl der Verbindung mit dem Universum, das ich einst als Herrscher des Olymps genossen hatte. Doch in diesen Momenten der Stille fand ich auch Aspekte der Schönheit und Reinheit. Ich beobachtete Kinder, die im Park spielten, ihr Lachen und ihre Freude, die zeitlos schienen, und Künstler, die mit ihren Werken versuchten, die ewige Schönheit und Wahrheit einzufangen.

Diese Ergebnisse brachten mich zu einer Erkenntnis: Meine Rolle in dieser neuen Welt musste nicht die eines Herrschers oder eines zurückgezogenen Beobachters sein. Vielleicht konnte ich als Brückenbauer zwischen der alten Welt und der neuen dienen, als Vermittler von Weisheit und Inspiration.

So entschied ich, Zeus, mich nicht länger als ein verlorener Gott einer vergangenen Ära zu sehen, sondern als einen Teilnehmer an dieser neuen, pulsierenden Welt. Ich begann, mit den Menschen zu sprechen, ihnen von den alten Zeiten zu erzählen, von den Lehren, die die Mythen und Legenden bereithielten. Ich fand Zuhörer, die von diesen Geschichten fasziniert waren, die in ihnen eine Verbindung zu einer tieferen Wahrheit und zu den ewigen Fragen des Lebens sahen.

Ich nutzte meine göttlichen Fähigkeiten nicht, um zu herrschen, sondern um zu inspirieren, um den Menschen dabei zu helfen, die Schönheit in ihrem Leben und in der Welt um sie herum zu erkennen. In der Kunst, in der Musik, in den Momenten des tiefen menschlichen Kontakts sah ich die Möglichkeit, das Göttliche in dieser neuen Welt zu offenbaren.

Meine Reise war nicht die eines Herrschers, der seine Macht zur Schau stellt, sondern die eines Weisen, der seine Erkenntnisse teilt. In dieser neuen Rolle fand ich Frieden und einen Sinn. Ich, Zeus, der einstige Herrscher des Olymps, wurde zu einem stillen Hüter der Weisheit, einem Erinnerer an die Verbindung zwischen Himmel und Erde, zwischen dem Göttlichen und dem Menschlichen.

So endete meine Suche nicht in der Wiedererlangung alter Herrlichkeit, sondern in der Annahme einer neuen Rolle in einer Welt, die sich gewandelt hatte. In dieser modernen Ära fand ich meinen Platz, nicht als ein Gott des Donners, sondern als ein Gott der Inspiration, ein ewiger Lehrer des Wunders des Lebens und der Schönheit der Existenz.

*Lenas Reise entführt uns in eine Welt der Fantasie.
Es ist eine Erinnerung daran, dass die wahren
Abenteuer nicht nur in fernen Ländern, sondern in
der Wärme des eigenen Zuhauses zu finden sind.
Lasst uns gemeinsam in eine Welt eintauchen, in
der die Vorstellungskraft keine Grenzen kennt und
in der die Liebe zur Familie das größte Abenteuer
von allen ist.*

Lenas Reise

In einem winzigen Dorf, umarmt von sanft wogen-
den Hügeln, lebte ein ungestümes Mädchen na-
mens Lena. Ihr rotes Cape flatterte im Wind wie
eine Flamme, während sie durch die engen Gassen
tollte. Lena träumte von Abenteuern in fernen Län-
dern, fernab der monotonen Pflichten des Dorfle-
bens.

An einem trüben Nachmittag, als die Sonne sich
hinter grauen Wolken verbarg, entbrannte ein hefti-
ger Streit zwischen Lena und ihrer Mutter. Das
Zimmer der kleinen Abenteurerin glich einem wil-

den Dschungel aus Spielzeugen, Büchern und verstreuten Kleidern. Ihre Mutter, mit Händen in den Hüften und einem besorgten Stirnrunzeln, bestand darauf, dass Lena aufräumen müsse.

„Lena, schau dir dieses Durcheinander an! Dein Zimmer sieht aus wie ein Schlachtfeld!", rief ihre Mutter, während sie über einen verirrten Teddybär stolperte.

Lena, mit funkelnden Augen und trotzigem Gesichtsausdruck, entgegnete: „Aber Mama, das ist mein Reich! Hier bestimme ich!" Ihre Stimme war fest, doch in ihr schwang ein Hauch von Traum und Sehnsucht mit. Sie träumte von einer Welt, in der ihre Fantasie und ihr Abenteuergeist nicht von Wänden oder Regeln begrenzt waren.

Die Worte ihrer Mutter prallten auf sie wie Regentropfen auf einem Fels.

„In diesem Haus gibt es Regeln, Lena. Und dazu gehört, dass du dein Zimmer aufräumst!", erwiderte ihre Mutter bestimmt.

In diesem Moment fühlte sich Lena eingesperrt, als würde ihre bunte, unbändige Welt von den grauen Mauern der Realität erdrückt. Sie wünschte sich, weit weg zu sein, in einem Land, wo die Bäume bis

in den Himmel reichen, wo wilde Tiere sprechen können und wo sie, Lena, frei von jeglichen Pflichten und Regeln, ihre Abenteuer erleben könnte. Sie stellte sich vor, wie sie durch unberührte Wälder streifte, über mächtige Berge kletterte und mit den Sternen sprach. In ihrer Vorstellung war sie nicht nur ein Mädchen aus einem kleinen Dorf, sondern eine mutige Heldin, die keine Grenzen kannte.

„Du kommst nicht aus deinem Zimmer, bevor du aufgeräumt hast" mahnte die Mutter und verließ den Raum.

Lena warf sich trotzig auf ihr Bett. Sie befand sich immer noch inmitten ihres kreativen Chaos und starrte träumerisch an die Decke. Ihr Herz pochte vor Aufregung und Sehnsucht, als sie sich eine Welt malte, in der sie die Hauptrolle in ihrem eigenen epischen Abenteuer spielen könnte. In dieser Nacht, als der Mond am Himmel aufstieg und die Sterne zu funkeln begannen, sollte ihr Wunsch auf unerwartete Weise Wirklichkeit werden.

∿

In dieser magischen Nacht, als der Mond hoch und voll am Himmel stand, begann ihr Zimmer sich zu verwandeln. Die Wände lösten sich auf und enthüllten einen dichten, uralten Wald, dessen Bäume bis zum Himmel ragten. Der Boden ihres Zimmers verwandelte sich in einen weichen Teppich aus Moos und Erde. Lena, deren Herz vor Aufregung klopfte, warf ihr rotes Cape über und trat mutig in den geheimnisvollen Wald.

Als Lena den Zauberwald betrat, umhüllte sie eine  Symphonie der Natur, ein Orchester aus lebhaften Klängen und Melodien. Das fröhliche Zwitschern der Vögel, die in den Baumkronen ihre Lieder sangen, vermischte sich mit dem sanften Rauschen der Blätter, die im Rhythmus des

Windes tanzten. Aus der Ferne trug der Wind das geheimnisvolle Heulen eines unbekannten Tieres herüber, das den Wald mit einer Aura des Mysteriösen umgab.

In dieser lebendigen Welt begegnete Lena einer Schar wundersamer Tiere, die nicht nur die Fähigkeit besaßen zu sprechen, sondern auch eine Weisheit ausstrahlten, die weit über ihre tierischen Gestalten hinausging. Sie nannten sich *Die Wächter des Waldes* - eine Truppe von Tieren, die den Wald und seine Geheimnisse hüteten.

An der Spitze dieser Gruppe stand ein weiser, alter Bär mit einem prächtigen, dichten Pelz, der im Licht der Sonnenstrahlen glänzte. Seine tiefen Augen funkelten vor Weisheit und seine ruhige, bedächtige Art vermittelte Stärke und Vertrauen.

Ein flinker Hase mit leuchtenden, neugierigen Augen hüpfte herum, immer bereit, in neue Abenteuer zu springen. Seine schnellen Bewegungen und seine lebhafte Art brachten eine spielerische Energie in die Gruppe.

Eine geheimnisvolle Eule, deren Federn im Mondlicht wie Silber schimmerten, blickte Lena mit klugen, durchdringenden Augen an. Die Eule, die die Weisheit der Nacht in sich trug, sprach in Rätseln und lehrte Lena, die Welt aus verschiedenen Perspektiven zu betrachten.

Neben diesen drei bemerkenswerten Tieren gab es noch viele andere faszinierende Kreaturen im Wald. Da waren farbenfrohe Schmetterlinge, die in der Luft tanzten, Vögel mit den schönsten Gesängen, die Lena je gehört hatte, und Rehe, die elegant und anmutig durch den Wald streiften.

Die Tiere, beeindruckt von Lenas Mut und ihrer Entschlossenheit, ihr eigenes Schicksal zu gestalten, ernannten sie zu ihrer Anführerin. Lena fühlte sich geehrt und aufgeregt zugleich. Jeder Tag im Zauberwald brachte neue Lektionen und Abenteuer.

Sie lernte, mit den Schmetterlingen zu tanzen, sich im Wind zu drehen und zu wirbeln, ihre Farben und Muster reflektierten die Freude des Moments. Lena sang mit den Vögeln, ihre Stimme verschmolz mit den natürlichen Harmonien des Waldes, und sie fühlte sich, als würde sie ein Teil dieser unendlichen Melodie.

Am aufregendsten waren die Wettrennen mit den Rehen. Sie rannten durch das Dickicht, sprangen über umgefallene Baumstämme und rasten durch

die offenen Felder des Waldes. Lena, frei und unge-
bunden, fühlte sich, als könne sie fliegen, als sie an
der Seite dieser anmutigen Tiere lief.

In diesen Momenten im Zauberwald, umgeben
von diesen außergewöhnlichen Kreaturen, fühlte
sich Lena frei und unbesiegbar. Sie war nicht nur
ein Mädchen aus einem kleinen Dorf, sondern eine
Königin, eine Anführerin, eine Heldin in einer
Welt, die so reich und lebendig war, dass sie jeden
Tag aufs Neue verzaubert wurde.

∿∿

Nach vielen Tagen und Nächten voller Abenteuer
und Entdeckungen im Zauberwald begann sich et-
was in Lena zu verändern.

Eines Abends, als sich der Himmel in einen
Samtvorhang voller funkelnder Sterne verwandelte,
setzte sich Lena an einen klaren, ruhigen See und
blickte hinauf in den unendlichen Kosmos. Unter
dem majestätischen Sternenzelt, umgeben von der
sanften Symphonie der Natur, begann sie über ihr
früheres Leben nachzudenken.

Die Erinnerungen an ihre Mutter – ihre Wärme, ihr Lächeln, die Art, wie sie Lena beim Einschlafen die Haare strich – begannen in ihr aufzusteigen. Sie erinnerte sich an die gemütlichen Abende zu Hause, die Geschichten, die ihre Mutter ihr vor dem Einschlafen vorlas, und an die Sicherheit und Geborgenheit, die ihr Zuhause ihr bot.

Dann wehte eine sanfte Brise über das Wasser, und mit ihr kam ein vertrauter Duft. Es war der Geruch von frisch gebackenem Brot, der sie an die warme Küche ihrer Mutter erinnerte. Sie schloss ihre Augen und stellte sich vor, wie ihre Mutter in der Küche stand, das Brot aus dem Ofen holte und es auf einem Holzbrett ablegte, der Geruch sich im ganzen Haus verbreitete.

Daraufhin kam ein weiterer Duft, süß und vertraut – ihre Lieblingsmarmelade, die ihre Mutter jedes Jahr aus den frischesten Früchten des Gartens zubereitete. Lena konnte fast den Geschmack auf ihrer Zunge spüren, die perfekte Mischung aus Süße und Frische, die sie so liebte.

In diesem Moment, umgeben von der Schönheit des Waldes und doch erfüllt von diesen Erinnerungen, erkannte Lena etwas Wichtiges. So sehr sie die

Freiheit und das Abenteuer des Waldes liebte, so sehr gehörte ihr Herz zu ihrer Familie. Ihr Zuhause war nicht nur ein Ort, es war ein Gefühl – ein Gefühl von Liebe, Zugehörigkeit und Geborgenheit.

Die Sternennächte, die flüsternden Bäume, die sprechenden Tiere – all das war wunderbar und magisch, aber es konnte die einfache, tiefe Verbindung, die sie zu ihrer Mutter hatte, nicht ersetzen. Ihre größten Abenteuer und ihre wertvollsten Schätze lagen nicht in den unendlichen Weiten des Zauberwaldes, sondern im Herzen ihrer Familie, in der Liebe, die sie zuhause umgab.

Mit einer Träne des Glücks und der Sehnsucht in ihren Augen entschied Lena, dass es Zeit war, zurückzukehren. Sie wollte ihre Mutter umarmen, ihr von ihren Abenteuern erzählen und wieder in dem warmen, liebevollen Zuhause sein, das sie immer als ihren sichersten Hafen betrachtet hatte.

In dieser Nacht unter den Sternen fasste Lena den Entschluss, ihre magische Reise zu beenden und zu dem Ort zurückzukehren, an dem ihr Herz zu Hause war.

Mit Tränen der Freude und Traurigkeit in den Augen verabschiedete sich Lena von ihren treuen Freunden im Wald. Sie versprach, sie nie zu vergessen und ihre Geschichten und Lektionen für immer in ihrem Herzen zu bewahren.

Als Lena ihr Zimmer betrat, schloss sich der Wald hinter ihr und alles war wieder wie zuvor. Ihre Mutter wartete mit offenen Armen und einem warmen Lächeln auf sie. Auf dem Tisch stand einladend ein Teller mit ihrem Lieblingsessen.

Lena erkannte, dass die größten Abenteuer nicht immer in der Ferne liegen, sondern oft in den kleinen Momenten der Liebe und Geborgenheit zu Hause. Und so endete die wundervolle Reise der kleinen Lena, die lernte, dass das größte Abenteuer in der Liebe und im Herzen der Familie liegt.

Nachwort des Autors

Liebe Leserinnen und Leser,

wenn Sie diese Zeilen lesen, haben Sie mit mir eine Reise durch die vielfältigen Welten von *Hein Ennak erzählt* abgeschlossen. Ich hoffe, Sie fanden diesen Ausflug so bereichernd und faszinierend, wie ich es tat, während ich diese Erzählungen zu Papier brachte.

Jede Geschichte in diesem Buch ist ein Stück meines Herzens, ein Fragment meiner Träume und Gedanken. Sie sind wie kleine Fenster in Welten, die so real in meiner Vorstellung leben, dass ich sie fast berühren konnte.

Mein Ziel war es, Sie nicht nur zu unterhalten, sondern zum Nachdenken anzuregen, zum Träumen zu ermutigen und ein wenig Magie in Ihr tägliches Leben zu bringen. Wenn ich nur in einem einzigen Moment Ihr Herz berührt oder Ihre Phantasie beflügelt habe, dann betrachte ich meine Mission als erfüllt.

Ich möchte mich bei Ihnen bedanken – dafür, dass Sie mir Ihre Zeit und Aufmerksamkeit geschenkt haben. Ein Buch lebt durch seine Leser. Ihre Begleitung auf dieser Reise machen die Geschichten von mir erst lebendig.

Zum Abschluss möchte ich Sie ermutigen, jenseits des Bekannten zu träumen und die Magie in den kleinen Dingen des Lebens zu finden.

Mit herzlichen Grüßen und in der Hoffnung, dass unsere Pfade sich wieder kreuzen …

Hein Ennak

Hein Knutzen
und das Hexenhaus in
Niendorf
Hein Ennak
Krimis & Thriller & Fantasie.

Paperback. 400 Seiten
ISBN-13: 9783744896009
Erscheinungsdatum:
29.08.2017

Pit Mattes - falsche Fünfziger
Hein Ennak
Krimis & Thriller
Band 1 von 4 in dieser Reihe.

Paperback 296 Seiten
ISBN-13: 9783746099583
Erscheinungsdatum:
13.08.2018

Pit Mattes - Kaperfahrt
Hein Ennak
Krimis & Thriller
Band 2 von 4 in dieser Reihe.

Paperback 296 Seiten
ISBN-13: 9783748129356
Erscheinungsdatum:
13.11.2018

Pit Mattes - das Feuerschiff
Hein Ennak
Krimis & Thriller
Band 3 von 4 in dieser Reihe.

Paperback 296 Seiten
ISBN-13: 9783749482757
Erscheinungsdatum:
06.10.2019

Pit Mattes - Havarie
Hein Ennak
Krimis & Thriller
Band 4 von 4 in dieser Reihe.

Paperback 300 Seiten
ISBN-13: 9783757812720
Erscheinungsdatum:
25.08.2023